경주 박물관대학 일곱 사람의 3년 역사기행

신라(新羅), 천년의 길을 걷다

추천사

이동협 의장님

 하루에도 수많은 책이 쏟아져나옵니다. 그 많은 책 가운데도 특별한 빛을 내는 책이 있습니다. 김동수 회장님을 비롯한 일곱 분의 선생님들이 낸 「신라(新羅), 천년의 길을 걷다」가 바로 그런 책입니다. 이 책은 전문 학자의 논문이나 안내서가 아니라, 경주 박물관대학에서 3년간 배우고, 함께 걷고, 현장을 발로 걸으며 눈으로 보고 마음으로 느낀 여정을 진솔하게 기록한 역사 기행문입니다.

 무엇보다 책 속에는 문화유산을 대하는 저자의 호기심과 즐거움이 고스란히 묻어납니다. 박물관 유물들이 더 이상 차가운 돌덩이나 유리 진열장 속의 전시물이 아니라, 말을 걸고 이야기를 건네는 친구이자 스승이 됩니다. 신라 왕릉의 고즈넉한 풍경 앞에서는 천년의 시간을 마주한 경외를 기록하고, 사찰과 석굴암의 공간에서는 부처의 숨결을 찾습니다. 또한 해외 지역을 다니며 경주가 세계와 이어져 있음을 새삼 확인합니다. 이런 경험과 사유는 독자에게도 고스란히 전달되어, 책장을 넘기다 보면 '나도 한번 주변의 문화유산을 다시 바라봐야겠다'는 생각을 자연스럽게 품게 될 것입니다.

이 책은 또한 한 사람의 기록이 아니라, 동행한 이들과 함께 만들어낸 공동의 결실이라는 점에서 소중합니다. 3년을 함께한 일곱 명의 임원들이 각자 다른 주제를 맡아 써 내려간 글들은 제각기 다른 빛깔을 지니면서도, '신라 역사와 경주를 사랑하는 마음'이라는 하나의 줄기로 이어져, 우리가 어떤 자세로 문화유산을 마주해야 하는지를 보여줍니다.

「신라(新羅), 천년의 길을 걷다」는 단순한 여행기나 안내서가 아닙니다. 배우고, 걷고, 깨닫는 과정에서 얻은 감동과 성찰의 기록입니다. 득자 여러분께서 이 책을 통해 천년의 길을 함께 거닐며 문화유산이 전하는 울림을 느끼고, 삶 속에서 역사를 새롭게 만나는 기쁨을 마음껏 누리시기를 바랍니다. 또한 우리의 눈앞에 늘 존재하지만, 종종 잊고 지냈던 문화유산을 돌아보게 하고, 그것을 통해 우리 자신과 현재의 삶을 더 깊이 성찰할 수 있는 기회를 열어줄 것입니다. 이 책이 많은 이들에게 역사와 문화를 사랑하는 새로운 계기가 되기를 기대합니다. 감사합니다.

2025. 9. 30.

경주시의회 의장 이 동 협

프롤로그

수많은 책이 세상에 나오지만, 이 책은 조금 특별합니다. 경주 박물관대학 3년간의 배움을 이어온 일곱 명의 임원들이 그 여정의 마침표를 찍으며 함께 엮어낸 책이기 때문입니다.

2023년 경주 박물관대학 기초반의 문을 들어섰을 때만 해도 우리는 그저 경주를 좋아하고, 이 땅에 살았던 신라 사람들에 대한 호기심을 가진 평범한 사람들이었습니다. 낯선 고고학 용어와 끝없이 이어지는 유적지명에 좌절하기도 하고, 때로는 유리 진열장 너머의 유물들이 그저 차가운 돌덩이로만 느껴지기도 했습니다. 하지만 1년간의 기초반 과정, 그리고 이어진 2년간의 연구반 과정을 거치며 우리는 조금씩 변화되고 성장해왔습니다.

단순히 지식을 습득하는 것을 넘어, 역사와 문화를 깊이 이해하게 되었고, 박물관 속 유물들과 대화를 나누고 그들을 이해하는 법을 배웠습니다. 책 속 글자로만 존재하던 역사가 살아 숨 쉬는 현장을 직접 발로 밟으며, 그 시대를 살았던 사람들의 이야기에 귀기울이게 되었습니다. 수많은 답사(踏査)를 통해 만난 유물들과 유적들은 이제는 단지 과거의 흔적이 아닌, 현재를 살아가는 우리에게 말을 건네는 소중한 의미가 되었습니다.

이 책은 경주 박물관대학 3년간의 배움을 마무리하며, 우리 일곱 명의 임원들이 일곱 빛깔 이야기를 하나로 모아 쓰게 된 답사 에세이(essay)입니다. 각자의 시선으로 담아낸 답사 후기와 깊이 있는 고찰은 저마다 다른 색깔을 지니지만, '역사를 사랑하는 마음, 경주를 사랑하는 마음'이라는 큰 줄기로 이어져 있습니다. 단순한 정보전달을 넘어 우리가 직접 느끼고 고민했던 흔적들을 오롯이 담았습니다. 이 책을 접하는 분들이 우리와 함께 역사의 숨결을 느끼고, 경주를 더 깊고 더 의미 있게 볼 수 있는 즐거움을 발견하시기를 바랍니다. 더 나아가 이 책은 여러분의 삶에 또 다른 영감을 불어넣는 계기가 되기를 진심으로 소망합니다.

3년 동안 기초반 회장과 연구반 회장을 맡아 고생하신 김동수 회장님께 이 기회를 빌어 수고하셨다는 감사의 말씀을 드립니다. 그리고 회장님과 수석총무인 저에게 곁에서 든든한 버팀목이 되어주신 남재칠 부회장님과 홍수환 답사 부장님, 김규광 감사님 덕분에 여기까지 올 수 있었던 것 같습니다. 또 늘 저를 지지해주고, 도와주신 이명희 홍보부장님과 김서현 총무님께도 진심으로 감사드립니다.

수석총무로서 때론 속상하고 힘든 적도 있었지만, 포기하지 않고 이 자리에서 마지막까지 잘 마무리할 수 있게 도와주신 으리 임원진 여섯 분과 기초반부터 함께해 오신 48기 선생님들께 다시 한번 고개 숙여 감사드립니다.

함께여서 좋았고, 잘한다고 칭찬해 주셔서 행복한 3년기었습니다. 동기 선생님들과의 즐거웠던 시간을 잊지 않고 기억하겠습니다. 때론 안타깝게, 때론 대견하게, 때론 칭찬의 의미로 바라봐 주시던 선생님들의 눈빛 오래오래 가슴에 새기겠습니다.

마지막으로 이 책의 처음과 끝을 함께 해주실 독자 여러분! 경주와 신라를 사랑하는 마음 변함없기를 바라며, 항상 건강 유의하시고 늘 좋은 일들만 가득하시기를 바랍니다.

2025년 9월 10일
가을이 오는 경주의 한가운데서,
양흥숙 씀

목 차

추천사   06
프롤로그   08

1장. 천년의 시간을 품은 왕릉을 걷다   14

　1. 여왕의 품격, 선덕여왕릉   18

　2. 신라 최초의 태왕, 태종무열왕릉   31

　3. 백성의 왕, 성덕왕릉에서 들려온 노래   41

　4. 왕릉예술의 정수, 원성왕릉   51

　5. 신라의 번영을 이어간 헌덕왕릉   71

　6. 로맨스가 묻힌 흥덕왕릉   79

　7. 천년 왕국의 마지막 숨결, 경순왕릉   92

2장. 사찰의 숨결, 고요한 빛을 만나다   104

　1. 불국사(佛國寺) – 인간이 세운 이상향   106

　2. 백률사(栢栗寺) – 의상대사의 숨결이 깃든 절   124

　3. 통도사(通度寺) – 부처의 진신사리가 머문 성지   133

　4. 보경사(寶鏡寺) – 동해를 품은 팔면보경의 전설   140

　5. 분황사(芬皇寺) – 신라 불교의 향기가 피어난 곳   159

　6. 감산사(甘山寺) – 석조미술의 찬란한 절정   168

　7. 석굴암(石窟菴) – 빛으로 완성된 불국의 마음   186

3장. 길 위의 사유, 우리들의 이야기 201

1. 실크로드의 관문
  _ 시안(西岸)에서 만난 신라의 흔적   203
2. 월정교(月淨橋)와 경주 향교
  _ 옛길과 배움의 흔적을 따라   221
3. 반구천 암각화
  _ 세계유산이 된 선사인의 기록   230
4. 문무왕과 신문왕의 대화
  _ 바다와 하늘을 잇다   236
5. 청더(承德)
  _ 청나라 왕들의 휴양지   248
6. 선도산(仙桃山)
  _ 선도산이 들려주는 전설과 신화의 이야기   255
7. 오래된 미래를 찾아서
  _ 신라의 정신이 남긴 길   284

에필로그   294
참고문헌   299

1장. 천년의 시간을 품은 왕릉을 걷다

 우리는 반만년의 역사를 가진 유서 깊은 민족의 후손으로 당당히 이 땅에서 살아가고 있다. 그 긴 시간 동안 많은 나라가 성장, 발전, 쇠퇴의 과정을 거쳐 지금의 대한민국에 이르렀다. 우리가 경주 박물관대학에서 만나는 신라는 반만년의 우리 역사 가운데 고조선에 이어 두 번째로 긴 역사를 자랑하는 나라이다.

 기원전 2333년, 고조선이 우리 역사의 문을 열고, 그 뒤를 이어 많은 국가가 생겨났다. 특히 삼국시대를 형성한 고구려,백제,신라는 서로 치열한 경쟁을 통해 오랜 시간을 함께한 나라였다. 그 가운데 신라는 기원전 57년에 건국되어 935년까지 무려 천년의 세월을 지켜낸 대단한 나라이다. 그 천년의 역사를 지켜낸 당시 우리 선조들은 어떻게 살았는지, 또 당시의 지배자들은 어떤 모습으로 남았는지에 대한 호기심이 일었다. 그 호기심으로 시작된 우리의 열정은 자연히 신라의 역사를 읽고, 신라 쉰 여섯 분 왕의 흔적을 찾아 기록하는 것으로 의기투합했다.

 우리는 현재 남아있는 신라 왕릉에 집중했고, 왕릉에 누워있는 왕들의 이야기에 귀 기울여보기로 했다. 그러나 오랜 시간 역사의 부침을 겪은 신라 왕릉은 그 피장자가 확실한 것이 손에 꼽을 정도였다. 결국 지금까지 그 피장자가 확실하다고 보고된 8기의 왕릉을 중심으로 그들의 이야기를 풀어보기로 했다. 그 여덟 분의 주인공은 선덕여왕, 태종무열왕, 문무왕, 성덕왕, 원성왕, 헌덕왕, 흥덕왕, 경순왕이다. 그러나 문무왕은 동해 바다의 수중왕릉에 장사지냈다는 기록으로, 여기서는 육지에 남은 일곱 분의 왕과 왕릉을 중심으로 이야기하려고 한다.

왕릉 수록 목차는 선덕여왕릉(양홍숙), 태종무열왕릉(홍수환), 성덕왕릉(김서현), 원성왕릉(이명희), 헌덕왕릉(김규광), 흥덕왕릉(남재칠), 경순왕릉(김동수)으로 재위 순이다. 이 책은 각자가 다시 왕릉을 찾아가서 듣고, 느끼고, 생각한 것을 중심으로 쓴 글이다. 전문가의 시선이 아닌, 일반 수강자로서의 시선으로 바라본 왕릉과 신라인의 삶의 현장을 다니며 마음에 남은 것을 기록한 에세이 형식의 글임을 밝힌다.

낭산(狼山)에 잠든 선덕여왕을 만나기 위해 수풀을 헤쳐가며, 학창시절의 기억을 소환하기도 하고, 왕이 되기 전 신라를 지키기 위해 백제로 고구려로 다니며 애쓴 김춘추의 길을 돌아보기도 하였다. 결국 왕이 되어 통일의 대업을 이룰 수 있도록 문을 열어준 태종무열왕의 능에서 말없이 들려주는 이야기에 귀 기울이기도 했다.

우리에게는 성덕대왕 신종의 주인공으로 더 깊이 각인된 성덕왕의 능을 돌아보며, 통일기 신라의 시대상을 생각하기도 하고, 혼란해지는 시대를 구하기 위해 새로운 개혁을 시도했던 원성왕의 고뇌도 생각해 보았다. 원성왕의 태자였던 인겸은 일찍 세상을 떠났으나 세 아들은 모두 신라의 왕이 되었다. 그러나 그 즉위 과정이 순조롭지 않았다. 인겸의 큰아들 소성왕(39대)이 왕위에 올랐으나 혼란한 상황에서 세상을 뜨고, 그의 아들이 40대 애장왕으로 즉위했다. 그러자 여기저기서 반란이 일어났고, 나라가 혼란에 빠졌다. 당시 애장왕의 숙부였던 김언승과 김수종은 조카인 애장왕을 죽이고 왕위에 올랐는데 41대 헌덕왕(김언승)과 42대 흥덕왕(김수종)이 그들이다. 헌덕왕릉은 경주시 동천동에 위치하고, 흥덕왕릉은 경주시 안강에 있다.

마지막으로 신라의 왕이 된 경순왕은 기울어가는 신라를 지키지 못하고, 고려의 신하가 되었다. 그의 능은 경주에서 멀리 떨어진 경기도 연천에 자리하고 있는데, 그 연유를 듣다 보면 왜 나라의 힘이 강해야 하는지 오늘을 살아가는 우리에게 경종을 울려주는 무언가가 있다.

신라 천년의 역사 속에 쉰여섯 분의 왕이 계셨고, 그분들의 능 가운데 문무왕릉을 제외한 일곱 분의 능을 찾아 기록하면서 다른 분들의 능도 하루빨리 그 위치를 찾게 되기를 간절히 빌었다. 기회가 된다면 다른 왕들의 유택(幽宅)도 제대로 찾아서 기록으로 남길 수 있는 날이 오기를 바란다.

어느 시대든지 왕으로서의 절대권력을 가졌음에도 불구하고 국가의 안위와 백성의 삶에 온몸을 바친 권력자도 있고, 이웃 나라와의 관계를 보며 국제 정세를 읽고 대비하는 왕도 있었다. 반면 자신의 안위만을 위해 무소불위의 권력을 휘두르며 백성들을 공포에 떨게 한 왕도 있었다.

늘 우리는 과거를 통해 현재를 배우고, 미래를 설계하게 된다. 지난 3년간 신라 천년의 역사를 통해 어떤 지도자가 되어야 하는지 그 지혜를 배우는 시간이 되었다. 그 시간들을 함께한 덕분에 신라 왕릉에 대해서도 함께 머리를 맞대고 고민할 수 있는 계기가 되었다.

 과거는 과거로 그냥 박제되는 것이 아니다. 그동안 일곱 왕들에게 무엇을 배울 것인지 그 이야기에 귀 기울여보았다. 그리고 어떻게 살아야 하는 것인지 생각해 보는 시간이 되었다. 그 삶의 궤적을 따라가 보려고 한다.

01. 여왕의 품격, 선덕여왕릉

양홍숙

나는 경주에서 나고 자랐지만 선덕여왕에 대해서는 드라마나 역사 다큐멘터리를 통해 얼핏 듣고 보았을 뿐, 실제 내 삶과는 아무런 연관이 없는 존재로 여기며 살아왔다. 20대 중반, 다들 그렇듯 나 역시도 사랑하는 남편을 만나 결혼을 했다.

어느 날 시댁에서 어머님과 고구마밭으로 향하던 중 어머님이 능 주인을 알려주셨다. 여기가 그 드라마에 나온 선덕여왕릉이라고. 아~ 하고 바라보며 기억을 더듬어 보아도 드라마의 내용조차 가물가물해 몇몇 장면이 어렴풋이 떠오를 뿐이었다.

그마저도 무심히 지나치며 '아, 저기에 여왕의 능(陵)이 있었구나.' 하고 생각했던 것이 선덕여왕릉과의 첫 만남에 관한 기억이다. 지나고 보니 시어머니와의 동행이라는 이유로 약간은 긴장한 탓도 있었으리라. 하지만 뜻하지 않게 선덕여왕을 다시 마주한 것은 국립 경주박물관 대학에 입학한 이후이다. 그래서 지난 3년간 수업과 답사를 다니면서 다시 알게 된 선덕여왕과 그분이 잠든 곳을 되짚어 보고자 한다.

무심히 지나쳤던 선덕여왕 안내판 ⓒ양흥숙

위기 속 지혜로운 리더, 선덕여왕

선덕여왕은 진평왕의 장녀로 태어났으며 즉위 전 이름은 덕만, 당시 신라 왕실의 마지막 성골이었다. 아들이 없던 진평왕의 뒤를 이어 신라 제27대 왕위에 오른 한국 역사상 최초의 여왕이다. 비록 여자였지만 뛰어난 지혜와 총명함으로 신라 왕실의 정통성을 인정받았다. 마지막 성골 혈통으로서 남성 후계자가 없는 시대적 상황과 맞물려 왕위에 오르게 되었음을 알 수 있다. 그녀의 즉위는 엄격한 골품제도에서 여성에게도 왕위를 허락하는 파격적인 사건이었다. 재위 초반 민생의 안정에 주력하였으며 가난한 이들을 보살피도록 하는 구휼정책을 활발히 추진하였다. 왕권을 안정시키고 백성들의 정신적 단결을 도모하였으며, 왕실의 권위를 높이고자 불교를 적극 활용하기도 했다.

불교를 통한 왕권 강화와 민심 통합

7세기 신라에는 아름답고 지혜로운 선덕여왕이 나라를 다스리고 있었다. 당시 신라는 백제와 고구려의 잦은 침략으로 백성들의 마음이 불안했고, 왕실의 권위도 흔들리고 있었을 무렵 여왕은 이 위기를 극복할 방법을 깊이 고민했다. 그때 그녀의 눈길이 닿은 것은 바로 불교였다. 선덕여왕은 불교의 가르침이 혼란스러운 백성들의 마음을 하나로 모으고, 왕실의 권위를 굳건히 할 수 있다고 믿었기 때문에 불교를 통해 나라를 평화롭게 만들겠다는 굳은 결심을 할 수 있었다.

여왕은 먼저 분황사(芬皇寺)와 영묘사(靈妙寺)라는 아름다운 절을 지었다. '향기로운 꽃이 가득하다'는 뜻의 분황사는 여왕의 깊은 신심을 보여주는 상징이었고, 백성들은 이 절을 오가며 마음의 평화를 얻었다. 특히 분황사에 세워진 모전석탑은 돌을 벽돌처럼 쌓아 올린 독특한 모습으로, 신라 시대의 가장 오래된 석탑 중 하나로 그 시대의 뛰어난 기술력을 보여준다. 또한 영묘사는 신라 칠처가람(七處伽藍) 중의 하나로 꼽힐 만큼 규모가 컸으며, 당시 왕실과 밀접한 관련이 있었다고 전해진다. '신라의 미소'라고 불리는 얼굴 무늬 수막새가 영묘사 터에서 출토되었으나 아쉽게도 영묘사는 현재 그 터만 남아있다.

여왕의 불심은 여기서 멈추지 않았다. 당나라에서 돌아온 고승 자장율사가 황룡사에 9층 목탑을 세우면 이웃의 9개 나라(왜,중화,오월,탁라,응유,말갈,거란,여진,예맥)가 신라에 항복할 것이라고 말했다. 이 말을 들은 여왕은 흔들림 없이 탑을 짓기로 했다. 나라의 모든 힘과 기술을 모아, 백제에서 온 유명한 장인 아비지에게 탑을 맡겼으며, 그렇게 해서 황룡사 9층 목탑이 세워졌다. 그 높이는 무려 80m가 넘었고, 멀리서도 그 웅장한 모습을 볼 수 있었을 정도였다고 하니 가히 그 규모를 짐작할 만 했다. 9층 목탑은 단순히 거대한 건축물이 아닌, 1층부터 9층까지는 신라를 위협하는 아홉 나라들을 상징하며, 불교의 힘으로 이 모든 위기를 극복하겠다는 선덕여왕의 굳은 의지와 백성들의 간절한 염원이 담겨 있는 절이었다. 그러나 아쉽게도 몽골의 침입으로 소실되어 현재는 볼 수 없지만, 지금은 이 탑의 모습을 본 뜬 경주타워와 중도타워가 세워져 있다.

선덕여왕의 불교 사랑은 이처럼 신라의 문화와 기술을 발전시켰고, 백성들의 마음을 하나로 묶는 강력한 힘이었다. 그녀는 불심으로 나라를 다스렸고, 그 지혜는 훗날 신라가 삼국을 통일하는 위대한 역사의 씨앗이 되었다.

과학 기술의 발전

선덕여왕(재위632~647년)은 첨성대를 건립(634년)하여 과학 기술에 대한 통찰력을 보여주었다. 첨성대는 동양에서 가장 오래된 천문대이다. 농경 사회였던 신라에서 정확한 절기와 날씨 변화를 예측하는 것은 매우 중요했기에, 첨성대는 별과 태양의 움직임을 관측하여 달력을 만들고 농사에 필요한 정보를 제공하였다. 기단부, 원통부, 정자석의 세 부분으로 구성되어 있고, 각 부분에는 신라의 우주관과 왕실의 권위를 나타내는 상징적인 의미가 담겨 있다. 27개의 단으로 쌓여있는데 이는 신라 27대 왕인 선덕여왕을 상징하고, 365개의 돌은 1년 365일을 의미한다. 중간에 위치한 창문을 기준으로 위 아래가 12단씩으로 나뉘어 1년 12개월을 상징한다. 아래는 네모난 기단이고 위는 둥근 원통형으로 '하늘은 둥글고 땅은 네모'라는 고대의 우주관인 천원지방(天圓地方) 사상을 보여주기도 한다.

첨성대는 단순한 상징물을 넘어 과학적 원리가 적용된 건축물이다. 내부는 자갈과 흙으로 채워져 있어 지진에 강하도록 설계되었으며, 이는 2016년 경주 대지진이 일어났을 때도 큰 피해 없이 보존된 이유 중의 하나이다. 첨성대 건립 이후 신라의 천문 관측 기록이 크게 늘어난 것으로 보아, 그 당시 천문 관측이 활발하게 이루어졌음을 알 수 있다.

여왕의 예지력

선덕여왕의 현명함은 극치에 달했으며 지혜로운 예지력조차 뛰어났다. 삼국유사와 삼국사기에 나와 있는 여러 가지 일화를 보면 알 수 있을듯하다.

'지기삼사(知幾三事)'는 '일이 일어나기 전에 그 조짐을 미리 아는 세 가지 일'이라는 뜻으로 선덕여왕의 지혜를 말할 때 빠지지 않는 이야기다. 이 설화는 선덕여왕이 공주 시절부터 이미 뛰어난 예지력을 지녔음을 보여주는 것으로, 그 세 가지는 다음과 같다.

첫째, 선덕여왕 재위 시절 당 태종이 여왕은 아름답지만 짝이 없는 것을 조롱하는 의미로 삼색의 모란꽃 그림과 씨앗을 보내왔을 때 "이 꽃은 향기가 없을 것"이라고 예견했으며 실제 심어보니 그러했다고 한다. 꽃 그림에 벌과 나비가 그려져 있지 않은 것을 보고 향기가 없음을 예견했다고 하니 과연 그 지혜로움에 놀라지 않을 수 없다.

둘째, 영묘사 옥문지라는 연못에서 겨울임에도 불구하고 수많은 개구리가 며칠 동안 시끄럽게 울어대는 것을 전해 듣고는 "개구리가 화난 모습은 병사들의 성난 모습과 같고, 옥문은 여자의 음부를 뜻한다. 여자는 음이고 흰색은 서쪽을 상징하니, 백제 병사들이 숨어있을 것이다"라고 백제군의 침입을 예견하고 알천과 필탄 두 장수를 보내 건천의 여근곡을 수색해 매복하고 있던 백제군 500여명을 기습하여 섬멸했다. 겨울의 개구리 울음소리를 그냥 듣고 넘어가지 않고 깊은 통찰로 적의 침입을 사연에 방지할 수 있는 예지력은 누구도 따라갈 수 없는 선덕여왕의 통찰이었다.

셋째, 자신이 죽는 날을 예견하여 신하들에게 내가 죽으면 도리천(낭산의 남쪽)에 묻어달라고 하였다. 여왕이 죽은 후 10여 년 후인 문무왕 때 낭산 아래에 사천왕사(四天王寺)를 건립했는데, 불교 경전에 따르면 사천왕이 사는 사천왕천 위에 도리천이 있기 때문에, 사천왕사 위의 여왕 무덤은 자연히 도리천에 해당하게 된다. 여왕의 생전에는 사천왕사의 건립이 분명하지 않았고, 선덕여왕 사후 10여 년이 지난 후에 건립된 것이 분명한데 이 사실조차도 꿰뚫는 지혜가 여왕에게는 있었던 모양이다. 이는 결국 자신이 사후에 도리천이라는 신성한 공간(사천왕사)에 머물고자 했던 것임을 알 수 있다.

이 지기삼사에 대한 설화로 선덕여왕이 비록 여자의 몸이었지만, 뛰어난 지혜와 예지력으로 국난을 극복했고, 나라를 평화롭게 다스렸음을 알 수 있다. 단순한 통치자를 넘어 신성하고 비범한 존재로 백성들에게 인식되었음을 보여주며, 여왕으로서의 정통성을 부각시키려는 의도가 담겨 있는 이야기로도 해석할 수 있다.

선덕여왕릉 가는길 ⓒ양홍숙

선덕여왕릉 가는 길

선덕여왕릉으로 향하는 길에 들어서면 빽빽한 소나무 숲으로 둘러싸여 있어 도심의 소음과 복잡함에서 벗어나 고즈넉하고 신비로운 분위기를 느낄 수 있다. 울창한 숲 길을 걷다 보면 거대한 봉분과 마주하게 되는데 멀리서 봐도 압도적인 규모에 그때 그 당시 선덕여왕의 위엄이 그대로 느껴진다. 능 주변은 잔디밭과 울창한 숲이 잘 가꾸어져 있어 산책하며 사색에 잠기기 좋은 곳이다. 햇살이 비추거나 안개가 자욱하게 깔릴 때면 더욱 운치가 있다. 과거의 유적이지만 동시에 자연과 함께 어우러진 공원과도 같은 곳이다.

선덕여왕릉에 대하여

선덕여왕릉은 경주 시내 동쪽 낭산(狼山) 정상에 위치하고 있다. 낭산은 해발 108m의 나지막한 야산이지만, 예로부터 신성한 산으로 여겨져 신라 시대에는 '신유림'이라고도 불렸다. 능 주변의 울창한 소나무 숲은 신성함을 더하고 있다. 선덕여왕릉은 삼국유사의 기록을 통해 무덤의 주인이 명확하게 알려진 신라의 몇 안 되는 왕릉 중에 하나다. 남북으로 길게 뻗은 낭산(狼山)의 양지바른 남쪽 사면에 위치해 있으며, 높이 약 6.8미터, 지름 약 23.6미터의 원형 봉토분으로 둘레는 약 73m이다.

선덕여왕릉 ⓒ양홍숙

선덕여왕릉은 흙을 둥글게 쌓아 올린 형태로 크지는 않지만, 위엄을 느낄 수 있는 규모다. 능의 동쪽에는 제를 올리는 상석이 놓여 있으며, 능을 보호하기 위한 석인상(石人像)이나 석수(石獸) 같은 석물은 확인되지 않고 있다. 이는 다른 신라왕릉과 비교했을 때 상대적으로 소박한 특징으로, 능 주변의 소나무 숲과 어우러져 더욱 고즈넉하고 자연스러운 분위기를 연출하고 있다.

봉분 하단부에는 자연석을 2~3단으로 쌓아 올린 둘레돌(호석)이 둘러져 있는데, 특별한 조각이 없는 자연석 그대로의 모습이다. 이는 통일신라 이후 능에서 볼 수 있는 정교한 십이지신상(十二支神像) 조각과는 차이가 있다. 다만 왕릉 앞 오른쪽에는 능의 주인과 관련된 두 개의 표석이 놓여 있다. 능 주인을 알려주는 표석과 그의 업적을 기록한 비석이 아닐까 짐작한다.

선덕여왕릉은 다른 왕릉에 비해 꾸밈이 없이 소박하여 빈약하다는 느낌마저 든다. 이는 1900년 이후 후손들에 의해 두 번의 보수 과정을 거치면서 왕릉의 호석(護石)을 소형의 자연석 그대로를 쌓은 결과가 아니었을까? 그 내용은 선덕여왕릉 앞에 세워진 신라 선덕왕릉 봉수 기념비(新羅善德王陵奉修紀念碑)를 통해 알 수 있다. 선덕여왕의 능은 삼국통일 이전에 조성된 왕릉의 특징을 가진 곳으로 아직 발굴 조사가 이루어지지 않아 정확한 구조는 알 수 없지만, 고구려의 영향을 받은 돌방무덤(석실묘) 형태일 것으로 추정하고 있다.

능 하단의 자연석과 표석 ⓒ양흥숙

선덕여왕릉의 지리적 위치는 단순히 경관의 아름다움뿐만 아니라, 불교적, 상징적 의미를 내포하고 있는 곳이다. <삼국사기>와 <삼국유사> 등에 여왕이 죽음을 앞두고 자신을 도리천에 묻어달라고 하였는데 신하들이 그곳을 몰라 묻자 "도리천은 낭산의 남쪽이라 하였다"고 전해진다. 문무왕에 이르러 낭산 아래에 사천왕사(679년)가 세워진 것 또한 이러한 불교적 염원과 호국의 의지가 반영된 결과인 것 같다.

도리천(忉利天)

도리천은 불교 세계관에서 존재하는 천상계(天上界) 중 하나로, '33천(三十三天)'을 뜻하는 산스크리트어 'Trāyastriṃśa'를 한자(다라야등릉사, 多羅夜登陵舍)로 음역한 것이다. 불교의 우주론인 수미산 세계관에서 도리천은 세계의 중심에 있는 수미산(須彌

山)의 가장 높은 정상에 위치한다.

도리천은 이름 그대로 총 33명의 신들이 사는 곳으로, 도리천의 중심에는 제석천(帝釋天, 인드라)이 머무는 궁전인 선견성(善見城)이 있다. 제석천은 33천의 통치자로, 불법을 수호하고 중생을 보호하는 역할을 한다. 선견성을 중심으로 동서남북 사방에 각각 8개씩, 총 32개의 성이 있다. 이 성들에는 제석천을 보좌하는 다른 32명의 신들이 살고 있다. 도리천은 인간 세계보다 더 높은 차원에 있지만, 아직 색(色)과 욕망(欲)을 완전히 벗어나지 못한 욕계에 속한다. 그러나 이곳의 삶은 인간 세상과는 비교할 수 없을 정도로 복락(福樂)이 크고 수명이 길다.

도리천은 불교 경전에서 중요한 의미를 갖는다. 석가모니 부처님이 어머니 마야부인의 은혜를 갚기 위해 도리천에 올라가 설법했다는 이야기가 전해진다. 이 때문에 도리천은 단순한 천상이 아니라 부처님의 가르침이 머무는 신성한 공간으로 인식된다.

특히 신라 시대에는 제석천을 비롯한 천상계 신들이 나라를 지키는 호국신으로 여겨졌다. 선덕여왕이 죽어서 도리천에 묻히고자 한 것은, 자신이 통치하는 나라를 불교의 수호신인 제석천이 사는 곳과 동일시하여 국가의 안녕과 번영을 염원했던 것이다. 이처럼 도리천은 단순히 전설 속 장소가 아니라, 당시 신라 사회의 불교적 신념과 정치적 염원이 결합된 상징적인 공간이었다고 할 수 있다.

소나무숲 사이로 보이는 선덕여왕릉 ⓒ양홍숙

삼국통일의 초석을 다진 여왕

여왕임에도 불구하고 재위하는 동안 백제의 수많은 침략에도 굴하지 않고 당나라와의 외교를 강화하고 신라의 국격을 키웠다. 직접 통일을 이루지는 못했지만, 훗날 삼국통일의 주역이 된 김춘추와 김유신을 등용하여 태종무열왕과 문무왕이 삼국통일을 달성하는데 결정적인 역할을 했다.

선덕여왕의 치세를 돌아보면 여자로서 비록 몸은 나약했지만 의지는 강했으며, 외로웠지만 나라를 사랑했다. 그래서 결국 신라를 지켜냈고 훗날 통일 신라의 초석을 다졌다. 왕은 비록 '여자 군주는 나라를 잘 다스릴 수 없다'라는 기치를 내건 비담의 난 와중에 승하했지만, 그 시대에 건축된 문화유산은 경주를 비롯한 각지에 남아있다. 지금도 우리들은 선덕여왕의 업적과 그가 남긴 유물유적을 통해 많은 역사의 교훈을 알아가는 중이다.

신라의 천년 수도 경주에서 나고 자랐지만 마치 우리가 공기의 소중함을 느끼지 못하는 것처럼, 늘 내 곁에 있는 문화유산의 소중함을 모르고 살았던 듯하다. 그런 점에서 경주박물관 대학에서 보낸 3년은 그동안 내 인생에서 보지 못하고 느끼지 못했던 새로운 영역에 눈을 뜨게 해준 소중한 경험이 되었다.

02. 신라 최초의 태왕, 태종무열왕릉

홍수환

태종무열왕(김춘추)의 생애와 업적

신라의 제29대 왕인 태종무열왕(김춘추, 603~661, 재위 654~661)은 신라 역사에서 중대 왕실의 개창자로 평가되며, 삼국통일의 기초를 마련한 핵심 인물이다. 태종무열왕은 진지왕의 아들 김용수(김용춘)와 진평왕의 딸 천명공주 사이에서 태어났으며, 선덕여왕의 조카이다. 654년 진덕여왕 사후, 상대등 알천이 왕위 후보로 거론되었으나 알천이 사양하고 김춘추를 추천함에 따라 화백회의 합의로 왕위에 올랐다. 이는 신라 왕실의 전환점으로, 성골에서 진골로의 권력 이동을 상징한다.

태종무열왕은 진골 출신으로서 성골 중심의 왕위계승 체계를 깨고 최초로 왕위에 오른 인물이다. 태종무열왕은 신라의 정치·외교 체계를 혁신적으로 변화시켰으며 신라가 고구려, 백제와의 경쟁에서 우위를 점하고, 한반도 통일의 기반을 다지는 데 핵심적 역할을 했다.

태종무열왕은 즉위 후 아버지 김용춘을 문흥대왕으로, 어머니 천명부인을 문정태후로 추증하여 왕권의 정통성을 강화하였다. 또 골품제에 얽매이지 않고 인재개혁을 실시해 능력 위주의 인재를 등용했다. 김유신(상대등 임명), 강수, 원효 등 성골이 아닌 인물을 중용하며, 가야계 가문과의 혼인(김유신 누이 문희와 결혼)을 통해 정치적 기반을 확대하고, 직계 친족을 고위직에 임명하여 왕

31

권을 강화했다. 아들 법민(문무왕)을 태자로 책봉하고, 인태·지경 등을 이찬으로 승진시켰으며, 658년 직계 아들 문왕을 집사부 중시에 임명하며 지배 체제를 공고히 했다.

태종무열왕릉 입구 정문 ⓒ홍수환

649년 당나라의 중조의관제(관복제도)를 채택하고, 651년 왕에 대한 정조 하례제(설날 인사의식)를 도입, 이방부격 60여 조를 개정하여 율령 정치를 강화하고, 품주를 집사부로 개편했다. 행정 개혁을 통해 상대등의 기능을 왕권과 밀착시켜 귀족 세력을 약화시켰으며, 사정부(관리 감찰 기구)를 설치하여 행정 효율성을 높였다.

당나라의 태학을 견학하고 돌아와 문화·교육 정책에 반영했고, 율령을 정비하며 중국식 문명화를 추진하기도 했다. 이는 신라의 고대 국가 체질을 개선하고, 후대 문무왕·신문왕 시대까지 이어지는 개혁의 기초가 되었다.

외교 활동

고구려·백제의 압박 속에서 당나라와의 동맹을 강화했다. 직접 당 태종을 만나 원병을 요청하고, 일본과의 교류를 통해 국제적 위상을 높였다. 이는 백제 멸망의 결정적 요인이 되었다. 백제 의자왕에게 대야성(647년)이 함락되자 고구려에 원병을 청했으나 실패했다. 그는 고구려 연개소문에 의해 억류되었다가 탈출한 경험으로 친당(親唐) 정책을 추진하게 되었다. 648년 당나라와 동맹을 맺고, 당나라에 사신으로 파견되어 당 태종을 만나 군사 지원을 약속받았다. 650년 당나라 연호 '영휘'를 채택하며 자주적 연호를 포기하고, 복식을 당나라식으로 개혁했다.

655년 고구려·백제·말갈의 연합 공격 시 당나라에 구원을 청해 지원을 얻었다. 고구려, 왜(일본) 등에 사신으로 다니며 다른 국가와의 교류를 통해 외교를 펼쳤고, 특히 당 고종에게 백제 공격을 위한 군사 지원을 요청하며, 대동강 이북 영토를 포기하는 조건으로 동맹을 강화하기도 했다.

태종무열왕이 승하(昇遐)한 뒤 당나라가 '태종'이라는 묘호를 문제 삼았으나, 신라 조정은 김유신을 '어진 신하'로 비유하며 당 태종의 업적과 비교할 만하다고 주장해 묘호를 유지했다. 이는 신라 56왕 가운데 묘호(태종)와 시호(무열)을 쓰는 유일한 왕으로 남게 된 계기가 되었다. 태종무열왕은 재위 7년 동안 신라가 삼국통일을 할 수 있는 기틀을 다졌고, 660년 당군과 연합해 황산벌

전투에서 백제군을 격파하고 사비성을 함락시켜 백제를 멸망시켰다. 이는 그의 뒤를 이어 즉위한 문무왕이 삼국통일의 위업을 달성하도록 하는 초석으로, 고구려 정벌의 기반을 마련한 업적이다. 그의 사망 후 아들 문무왕이 이를 이어 고구려를 정복하고, 나당전쟁에서 승리하며 완전한 통일을 이룰 수 있게 한 것이다.

역사 · 문화 · 학술적 가치

무열왕은 신라가 약소국에서 강대국으로 도약하는 전환기를 주도했다. 그의 친당 정책과 백제 정복은 한반도 남부 통일의 기틀을 마련하며, 후대 고려 · 조선의 국가 형성에 영향을 미쳤다. 그의 치세는 당시 삼국의 정세변화에 역사적으로 중요한 역할을 했다는 것을 말한다.

<삼국사기>와 <삼국유사>에서 그의 업적이 높이 평가되며, 신라 왕 중 최초로 '태종'이라는 묘호와 '무열'이라는 시호를 받은 점이 이를 증명한다. 이는 신라 왕실의 정통성과 군사적 위상을 강조하는 상징적 의미를 가진다.

태종무열왕은 외교와 문명화 정책으로 신라의 문화 수준을 높였으며, 이는 불교 · 예술 · 건축 발전으로 이어졌다. 그의 집권 당시는 신라가 중국 문화를 적극 수용하며 고유문화를 융합한 시기로, 한국 고대사의 중요한 연구 자료이다. 또한, 진골 왕실의 시작으로 신라 사회의 계급 변화와 권력 구조를 이해하는 데 필수적인 요소를 가진 시기이기도 하다.

태종무열왕 비석과 왕릉 ©홍수환

무열왕릉에 대하여

무열왕릉(武烈王陵)은 신라 제29대 왕인 태종무열왕(김춘추, 재위 654~661)의 능으로, 삼국통일의 기초를 마련한 왕의 장지로서 신라 왕릉 중 피장자가 명확히 확인된 사례이다.

무열왕릉은 경주시 서악동 842번지, 선도산 동쪽 구릉에 위치하며, 경주 역사 유적 지구(유네스코 세계유산)의 일부로, 신라왕릉의 초기 양식을 대표한다. 서악리 고분군 5기의 대형 원 분 가운데 가장 아래쪽에 있고, 주변에 김인문 묘와 김양 묘가 인접해 있어 왕실 무덤군을 형성하고 있다. 이는 신라 초기 왕릉이 산기슭에 조성된 전통을 따르며, 영경사 북쪽이라는 <삼국사기> 기록과 일치한다. 1963년 사적 제20호로 지정되었으며, 면적은 14,169㎡이다. 1972부터 주변 정비가 이루어져 현재 모습을 갖추었다.

무열왕릉은 대형 원형분으로, 높이 약 13m, 둘레 112m이다. 횡혈식 석실(굴식 돌방무덤)로 추정되며, 미발굴 형태로 남아있다. 신라 초기 왕릉의 특징으로, 후대 통일 신라 왕릉(성덕왕릉)처럼 화려한 석물 장식이 아닌 소박한 자연석 호석(둘레돌)으로 둘러싸여 있다. 호석은 자연석을 쌓아 올린 형태로, 십이지상(十二支像)이나 석책(石柵)이 없어 초기 양식을 반영한다. 1970년대 주변 정비를 거쳐 현재 형태로 보존되었으며, 유네스코 세계유산 '경주 역사 유적지구'의 일부로 보호되고 있다.

<삼국사기> 권5 태종무열왕조에 따르면, 무열왕은 661년 6월에 사망한 후 영경사(永敬寺) 북쪽에 장사지내졌다. 이는 현재 경주 서악동 선도산 동쪽 구릉의 위치와 일치하며, 왕의 업적(백제 정복, 당나라 동맹 등)을 강조하고 있다. 또한, 왕위계승 과정과 진덕여왕 사후 알천의 사양으로 즉위한 사실을 기록하여 신라 왕실의 성골에서 진골로의 전환을 보여주기도 한다. <삼국사기>에는 무열왕의 묘호 '태종'과 시호 '무열'을 최초로 언급하며, 당나라 중종(또는 고종)이 묘호 문제를 제기한 외교적 에피소드도 포함하고 있다.

<삼국유사> 권1 왕력편과 권2 기이편에서도 무열왕의 생애와 능을 언급하며, 김유신과의 관계, 고구려·백제와의 전쟁을 통해 삼국통일의 기반을 마련한 점을 강조한다. 특히, 왕의 사망 후 아들 문무왕이 능비를 세운 사실을 암시하며, 신라의 불교적 장례 문

화를 반영하기도 하였다.

기타 고전 사료로는 <대동금석서(續)>에 능비의 비문이 김인문의 글씨로 새겨졌다고 기록되어 있으며, <동국여지승람>은 조선시대까지 비신이 존재했음을 증언하고 있다. 김인문은 당대의 명필이었으며, 당나라에서 신라의 외교 문제를 해결한 해결사로서의 역할도 했던 무열왕의 둘째 아들이다. 이 사료들은 능의 보존 상태와 후대의 인식을 보여준다. 그 외에도 후대 연구서에서 능비의 조각 양식을 분석하며, 당나라 영향과 신라 고유 예술의 융합을 논하고 있다. 이 사료들은 무열왕릉을 단순한 장지로 보지 않고, 신라의 정치·군사적 전환기(성골 중심에서 진골 왕실로의 이동)를 상징하는 역사적 증거로 평가한다. 왕릉은 미발굴 상태로 보존되어 있어, 고고학적 연구에서 신라 매장 문화의 표준으로 여겨진다.

태종무열왕릉비(太宗武烈王陵碑)

무열왕은 654~661년 재위하며 백제를 멸망시키고 삼국통일의 기반을 마련한 인물로, 그의 사후 문무왕이 부왕의 위대한 업적(당나라 동맹, 백제 정복 등)을 기리기 위해 능비를 세웠다. 비문은 무열왕의 둘째 아들 김인문(金仁問)이 작성한 것으로 전해지며, 이는 <삼국사기>와 <삼국유사>의 기록과 연계된다.

비는 신라 왕릉 중 피장자가 명확한 무열왕릉 앞에 위치해 왕실의 정통성과 군사적 영광을 상징한다. 비가 알려진 것은 일제 강점기 이전부터였으나, 비신(碑身)은 소실된 상태로 1935년경 비편(碑片) 일부가 발견되었다. 조선 시대 《동국여지승람》 등 그전 사료에서 비의 존재가 언급되어 역사적 연속성을 확인할 수 있다.

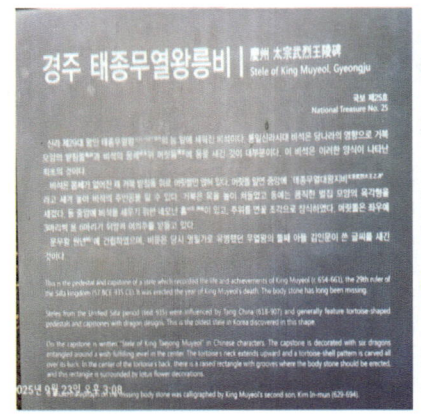

태종무열왕릉비 / 비각 ⓒ홍수환

신라의 능비(陵碑)로는 무열왕릉 북동쪽에 위치한 국보 제25호인 태종무열왕릉비가 핵심 유물이다. 높이 2.1m로 661년 건립되었으며, 김인문의 글씨로 비문을 새겼으나, 현재 비신은 소실되었고, 귀부(龜趺)와 이수(螭首)가 남아있다. 귀부는 거북 모양의 받침돌로, 머리와 목을 높이 쳐들고 발을 기운차게 뻗어 전진하는 동적인 자세를 취하고 있다. 표정은 명랑하고 과격하지 않으며, 비좌(비를 올리는 부분)는 연꽃 모양으로 장식되었다. 거북 등(귀갑)에는 4중의 육각형 귀갑문(龜甲文)이 새겨져 있으며, 하늘을 나는 구름(飛雲文)과 같은 세밀한 패턴이 조각되어 생동감을 더한다. 이는 당나라 영향 아래서도 신라의 사실적이고 이상화된 모습을 보여준다. 이수(螭首)는 비 머리로, 좌우 3마리씩 총 6마리의 용이 여의주를 물고 있는 형태이다.

용들은 앞발을 꼬리로 엮어 좌우 대칭을 이루며, 다리·비늘·표정 하나하나가 정교하고 생동감 있게 조각되었다. 전면 중앙에는 '太宗武烈大王之碑(태종무열대왕지비)'라는 전서체(篆書體) 글씨가 양각으로 새겨져 있어 비의 주인을 명확히 확인할 수 있다. 이는 통일 신라 석비의 초기 양식을 대표한다. 비신 소실로 인해 전체 비문은 알 수 없으나, 김인문의 글씨로 왕의 생애와 업적을 기록한 것으로 추정된다. 남은 비 머리의 글씨는 왕의 묘호와 시호를 확인하는 중요한 증거이다.

이 비는 신라 왕릉비 중 가장 오래된 예로, 무열왕의 삼국통일 과정(660년 백제 멸망)을 증언한다. 또한, 신라가 당나라 문화를 수용하며 왕권을 강화한 시기를 반영하고, 후대 왕릉비(성덕왕릉비)의 기초가 된다. <삼국사기> 등 사료와 연계되어 신라 왕실의 장례·기념 문화 연구에 필수적이다. 통일신라 초기 조각의 걸작으로, 동양 최고의 아름다움을 인정받는 문화적·예술적 가치가 큰 작품이다.

귀부와 이수의 조화로운 구성과 충만한 양감은 불상 조각(불국사 비로자나불)과 유사하며, 신라 미술의 이상화된 사실주의를 대표한다. 신라 말기 비(제천 월광사지 원랑선사탑비)와 비교 시 초기의 완만하고 조화로운 스타일을 보여주어 미술사 연구에 귀중하다. 이는 신라가 중국 영향을 넘어 독자적 예술을 발전시킨 증거로 평가된다.

태종무열왕릉비 귀부와 이수 ⓒ홍수환

03. 백성의 왕, 성덕왕릉에서 들려온 노래

김서현

성덕왕(聖德王)은 누구인가?

신라의 33대 왕인 성덕왕(聖德王)은 그의 이름처럼 성스러운 덕을 지닌 군주로 기억된다. 본명은 김흥(金興)으로, 신라 중흥기의 기반을 다진 신문왕의 둘째 아들이다. 그는 형인 효소왕이 후사 없이 요절하자 702년 왕위에 올라 35년간 신라의 황금기를 열었다. 이 시기는 통일 신라의 기틀이 굳건해지고, 민생이 안정되며 문화가 꽃피었던 태평성대로 평가받는다. 성덕왕의 치세는 단순히 역사적 사실로만 기록된 것이 아니라, 백성을 향한 그의 깊은 애민 정신과 융성한 불교 문화가 구전으로도 전해져 내려와 더욱 특별한 의미를 지닌다.

신라 중대의 황금기

성덕왕은 신라 중대의 최고 전성기를 이끌었던 현명한 군주였다. 그는 민생 안정, 국방 강화, 외교적 실리 추구, 불교 문화 진흥 등 다방 면에서 탁월한 업적을 남겼다. 특히, 정전 지급과 같은 혁신적인 정책을 통해 백성을 위하는 진정한 정치를 실현했고, 이는 통일신라가 안정적으로 번영하는 데 결정적인 역할을 했다.

그의 치세 동안 신라는 사회적 혼란을 극복하고, 정치적으로 안정된 기반 위에서 찬란한 문화를 꽃피울 수 있었다. 성덕왕은 단순히 권력을 휘두른 왕이 아니라, 백성들의 삶을 따뜻하게 보듬고 미래를 준비했던 진정한 리더였다. 오늘날까지도 우리에게 전해지는 성덕대왕 신종의 울림은, 성덕왕의 지극한 애민 정신과 함께 신라의 위대한 유산으로 남아있다.

성덕왕의 통치 철학은 민본(民本)에 있었다. 그는 즉위 초부터 백성의 삶을 안정시키는 데 모든 노력을 기울였다. 신라의 역사에서 왕이 직접 백성에게 토지를 나누어 준 사례는 흔치 않았는데, 성덕왕은 이를 과감하게 실행에 옮겼다. 722년에 시행된 정전(丁田) 지급은 그의 애민 정신을 보여주는 대표적인 정책이다. 이는 백성들에게 국가가 소유한 토지를 나누어주고, 그 대가로 세금을 거두는 제도로, 귀족들의 사유지 확대로 인해 토지를 잃고 몰락하던 농민들에게 큰 희망이 되었다. 이 정책은 단순한 구호 차원을 넘어, 국가가 백성 한 명 한 명의 생계를 책임지겠다는 강력한 의지를 표명한 것이었다.

성덕왕은 또한 세금 감면과 빈민 구제에도 적극적이었다. 704년에는 가뭄으로 고통받는 백성을 위해 조세를 감면해주었으며, 715년에는 가난한 백성들에게 곡식을 나누어주어 굶주림을 해결해주었다. 이러한 정책들은 백성들의 절대적인 지지를 얻었고, 이는 곧 왕권 강화로 이어졌다. 백성들은 자신들을 진심으로 보살피는 왕에게 충성을 다했고, 이는 신라 사회의 결속력을 더욱 단단하게 만들었다. 성덕왕의 통치 아래 신라는 백성들의 삶이 안정되어 국가 전체가 번영하는 선순환 구조를 만들어낼 수 있었다.

성덕왕은 대외적으로도 뛰어난 외교 감각을 발휘했다. 삼국통일 이후에도 당나라와는 긴장 관계가 남아있었고, 북쪽에는 새롭게 성장한 발해가 신라의 통일 왕국에 위협이 되었다. 이러한 복잡한 국제 정세 속에서 성덕왕은 당나라와 우호 관계를 유지하면서도 신라의 자주성을 굳건히 지켰다. 그는 여러 차례 당나라에 사신을 보내 조공을 바치고 문물을 교류했으며, 당 현종으로부터 '계림대군(雞林大君)'이라는 봉호를 받는 등 신뢰를 쌓았다. 이러한 외교 정책은 신라가 당나라의 선진 문물을 수용하여 문화를 발전시키는 동시에, 당나라의 지원을 받아 북방의 발해를 견제하는 실리적인 이점을 가져왔다.

또한, 성덕왕은 국방력 강화에도 소홀히 하지 않았다. 734년에는 서해안에 당항성(党項城)을 쌓아 해상 방어를 강화하고 당나라와의 교역로를 안정적으로 확보했다. 이는 외교 관계의 평화에만 의존하지 않고, 자체적인 군사력을 갖춤으로써 국가 안보를 튼튼히 하려는 그의 노력을 보여준다. 성덕왕의 이러한 균형 잡힌 외교와 국방 정책 덕분에 신라는 안정적인 국제적 지위를 확보하고, 내부적으로는 평화로운 발전을 지속할 수 있었다.

불교예술의 꽃, 성덕대왕 신종(聖德大王神鍾)

성덕왕의 치세는 신라 불교 문화가 최고조에 달했던 시기이다. 그는 황룡사, 감은사 등 기존 사찰을 중수하고, 새로운 사찰을 건립하여 불교 진흥에 힘썼다. 그의 불심은 민생을 위한 정책만큼이나 깊었다.

성덕대왕 신종은 신라 불교 문화를 대표하는 걸작이다. 종에는 두 가지 주요 기록이 새겨져 있다. 한쪽에는 제작의 경과를 담은

'명'이 있고, 다른 한쪽에는 네 글자씩 50행으로 된 '사'가 있다. '사'는 급찬 김필오가 지은 것으로, 신라 삼국통일의 위업과 왕실의 공덕을 기리며 성덕왕과 태후의 극락왕생을 염원하는 내용을 담고 있다. 이러한 명문은 단순한 주조 기록을 넘어, 당시 불교적 세계관과 정치적 이상을 보여주는 귀중한 사료라 할 수 있다.

실제 제작 과정을 전하는 명문에 따르면, 경덕왕은 성덕왕의 명복을 빌기 위해 구리 12만 근으로 큰 종을 만들고자 했으나 뜻을 이루지 못한 채 세상을 떠났고, 아들 혜공왕이 그 뜻을 이어받아 즉위 7년 만인 대력 6년 신해년(771) 12월 14일에 종을 완성하였다. 이처럼 성덕왕의 추모와 왕실의 불심이 결합하여 종이 제작되었음이 확인된다.

이 종은 원래 봉덕사에 봉안되었다가 절이 폐허가 되면서 영묘사, 경주 읍성, 동부동 옛 국립경주박물관 등을 거쳐 1975년에 지금의 국립경주박물관에 안치되었다. 종이 봉덕사 터에 버려져 있던 당시, 매월당 김시습이 마주한 것은 잡초에 파묻혀 아이들이 두드리고 소가 뿔을 갈던 비참한 모습이었다. 그는 그 위대한 종 앞에서 한숨을 토해내며, 천 년의 이상과 인간사의 무상함을 대비시켰다. 그 탄식은 오늘날까지 우리에게 전해진다.

봉덕사종 (일부 발췌) – 김시습의 시

박씨와 석씨 이미 사라지고 二姓既已沒
김씨가 바야흐로 임금 되었네 金氏方主張
끄트머리 23대째 末葉卄三代
묵호자가 서방에서 왔다네 墨胡來西方
인연과 화복의 이야기로 因緣禍福說
법흥왕을 뵙고자 하였다네 求謁法興王
…

절은 망해 모래와 자갈에 묻히고 寺廢沒沙礫
이 물건은 잡초덤불에 맡겨졌네 此物委榛荒
주나라 석고가 그랬다던가 恰似周石鼓
애들은 두드리고 소는 뿔을 가는구나 兒撞牛礪角
…

내가 와 그 명을 읽어보니 我來讀其銘
천고의 마음쯤 생각할 만하네 可想千古情
어루만지며 한 번 크게 한숨 쉬노니 撫之一太息
잘되고 못되고는 평할 바 아니라네 工娀非所評

김시습의 시 ⓒ김서현

  김시습의 시 한 줄과 종의 구조와 문양, 명문과 전설이 어우러져 종소리보다 더 깊은 울림을 만들어낸다. 성덕대왕 신종은 신라의 꿈을 품고, 한 시인의 한을 함께 안은 채, 한국 문화유산의 가장 빛나고도 슬픈 목소리로 여전히 우리 앞에 서 있다.

가까이 다가서니 종의 장엄한 구조가 눈앞에 드러난다. 종의 맨 위, 즉 천판에는 종을 매다는 고리인 용뉴가 역동적인 용의 형상으로 조각되어 있고, 그 옆에 신라 범종만의 독특한 음통이 자리 잡고 있었다. 단순한 장식이 아니라 과학적 장치라니, 천 년 전 사람들의 지혜에 절로 감탄이 흘러나왔다. 그 속이 빈 음통은 종소리의 공명을 다듬고, 여운을 길게 남겼다.

무엇보다 성덕대왕 신종은 현존하는 범종 가운데서 가장 뛰어난 예술성과 기술력을 보여준다. 장중하면서도 유려한 형태, 세밀한 문양, 깊고도 맑은 울림은 세계적으로도 손꼽힌다. 종신에 새겨진 비천의 모습은 마치 성덕왕의 극락왕생을 염원하는 듯 경건한 아름다움을 풍기며, 불교 예술과 장인 정신이 결합한 신라 문화의 정수를 보여준다.

성덕대왕신종 ⓒ김서현

성덕왕릉에 대하여

경주에는 수많은 신라의 왕릉이 자리하고 있다. 그중에서도 통일 신라 시대의 정교하고 아름다운 예술을 직접 느낄 수 있는 곳, 바로 성덕왕릉이다. 경주 시내에서 조금 떨어진 곳, 형제봉 남서쪽 산자락에 고요히 안식하고 있는 성덕왕릉은 신라 제33대 성덕왕, 융기(隆基)의 무덤이다.

성덕대왕릉 ©김서현

능 가까이 다가가면, 그 규모에 먼저 압도된다. 밑 둘레 46m, 높이 5m에 이르는 거대한 봉분은 1,300여 년의 세월을 굳건히 버텨온 역사의 무게를 느끼게 한다. 특히 이 능의 구조는 당시 신라 왕릉의 완전한 형태를 보여준다. 봉분 아래를 받치고 있는 둘레돌(면석)과 그 위에 얹힌 덮개돌(갑석)은 정교하게 짜 맞추어져 있고, 면석 사이에는 기둥돌(탱석)이 견고하게 끼워져 있어, 이 거대한 석물들이 흔들림 없이 제자리를 지킬 수 있도록 돕고 있다.

십이지상_원숭이 ©김서현   석인상과 석수 ©김서현

　하지만 성덕왕릉의 진정한 매력은 바로 봉분을 둘러싼 십이지상에 있다. 다른 신라 왕릉들이 평면적인 십이지상을 새긴 것과 달리, 성덕왕릉은 갑옷을 입은 입체적인 십이지상을 배치하여 더욱 사실적이고 생동감 넘치는 모습을 보여준다. 아쉽게도 오랜 세월을 거치며 대부분의 십이지상이 심하게 훼손되었지만, 그중에서도 보존 상태가 좋은 원숭이 상은 현재 국립경주박물관에 소장되어 있어 당시 조각 기술의 뛰어남을 엿볼 수 있다.

　십이지상 받침돌 사이에는 사자상과 함께 석인상이 좌우로 위풍당당하게 서 있다. 무인석의 굳건한 표정과 문인석의 온화한 모습에서 당시의 뛰어난 조각 기술을 다시 한번 느낄 수 있다. 능 앞에 남아있는 귀부(거북받침돌)는 원래 성덕왕의 공덕을 기리기 위해 세워졌던 비석의 받침돌로, 그 옛날 웅장했던 비석의 모습을 상상하게 한다.

49

성덕왕릉은 단순히 한 왕의 무덤이 아니고, 사실적이고 힘 있는 통일신라 초기 조각 양식을 대표하며, 왕릉 구조의 완전성을 보여주는 중요한 역사적 유적이다. 그리고 1,300년의 세월을 묵묵히 지켜온 성덕왕릉의 고요함 속에서 역사의 숨결을 느껴본다.

04. 왕릉 예술의 정수, 원성왕릉

이명희

원성왕은 누구인가?

신라 제38대 왕인 원성왕(?~798)은 언제 출생했는지 불분명하지만 785년에 37대 선덕왕이 후사(後嗣)가 없이 죽자 그 뒤를 이어 왕위에 오른 사람이다. 이름은 김경신이며, 내물왕의 12대손이라 전한다. 선덕왕이 아들 없이 죽자 신하들은 당시 선덕왕의 족질이었던 김주원을 왕으로 세우기로 했다. 당시 김주원은 신라의 수도로부터 20리나 떨어진 북쪽에 살고 있었다. 그런데 마침 신라의 수도 왕경에 큰비가 내려 수도 근처를 흐르는 알천 계곡물이 불어났다. 며칠 동안 계속된 폭우 탓에 주원은 수도로 올 수 없는 상황이었다. 당시 신라는 하대로 접어들고, 정국(政局)은 혼란해지고 있었다. 그런 상황에 왕위를 오래 비워둘 수 있었을까? 신하들은 계속된 폭우가 주원이 왕위에 오르는 것을 방해한다고 생각하고, 결국 상대등이었던 김경신을 왕으로 세우기에 이르렀다. 신하들은 김경신을 '전왕의 동생'이라고 하며 왕으로 즉위시켰는데, 전왕이 누구인지 정확하지 않다. 간혹 원성왕이 선덕왕의 동생이라는 기록이 보이기도 한다. 그렇게 신라 38대 왕위에 오른 분이 원성왕(재위 785~798)이다.

<삼국사기>에 따르면 태종무열왕계인 혜공왕이 죽고, 내물왕계인 선덕왕이 즉위하면서 신라를 하대로 구분한다. 신라 하대로 들어오면 나라는 더욱 혼란에 빠지게 되는데 원성왕은 재위하는 동

안 흔들리는 정국을 안정시키기 위해 독서삼품과⊠를 설치하고, 독서의 등급에 따라 시험을 쳐서 벼슬을 주기도 했다. 학문을 연마한 사람은 사물의 근본과 도리를 알게 된다고 했으니 아마 원성왕은 그런 이치를 깨달은 사람이 벼슬아치가 되어 백성을 다스리면 혼란한 정국을 바로 잡을 수 있다고 생각한 모양이다. 그러나 귀족들은 독서삼품과에 반대했고, 결국 그 정책은 실패하게 된다.

거기다 원성왕의 큰아들이었던 인겸 태자가 죽고, 의경을 태자로 책봉했으나 그 역시 죽었기 때문에 원성왕 11년에 인겸의 아들 준옹(소성왕)을 태자로 봉했다. 절대왕권 시대에 후사(後嗣)를 정하는 일은 나라의 안정과 직결되는 중요한 일이었다. 그런데 연이어 태자가 죽고, 결국 손자를 태자로 정한 원성왕의 고뇌는 말이 아니었을 것이다. 더구나 왕의 재위 말년으로 갈수록 수도에 심한 가뭄과 기근, 메뚜기에 의한 피해는 가중되었고, 가을에 서리까지 더해 점점 살기 어려워졌다. 대궐 남쪽에 있던 누교에 불이 나고, 망덕사의 두 탑이 부딪쳤다는 <삼국사기>의 기록으로 보아 기상이변이 있었으리라 짐작할 수 있다. 그러던 798년 겨울, 재위 14년째인 원성왕이 별세했다. 왕의 유언에 따라 관을 봉덕사 남쪽에서 화장했으며, 시호는 원성이다.

독서삼품과란?

독서삼품과는 원성왕 때 설치한 것으로, 국학에서 시행했던 일종의 공무원 시험.

유교 경전을 읽고 그 등급을 나눈 것으로 상품, 중품, 하품으로 세 등급이 있다. 세 등급은 아래와 같이 나누어졌다.

상품 : <춘추좌씨전>, <예기>, <문선>, <논어>, <효경>에 밝은 사람
중품 : <곡례>, <논어>, <효경>에 밝은 사람
하품 : <곡례>, <효경>에 밝은 사람에 해당한다.

독서삼품과 ⓒ이명희

원성왕릉(元聖王陵)의 위치

경부고속도로에서 경주로 들어서서 7번 국도를 따라가면 불국사를 가리키는 이정표가 나온다. 그대로 방향을 잡아 지금은 폐역이 된 경주 불국사역을 지나 약 2km의 지점에 이르면 왼쪽에 잘 가꾸어진 소나무 숲이 있다. 그쪽으로 들어가는 입구에는 아직도 '괘릉'이라고 쓴 표지판이 관람객을 맞는다.

원성왕릉 안내도 ©이명희

이곳은 사적 제26호로 지정된 원성왕릉이다. 2005년, 원성왕릉 석상 및 석주 일괄을 보물 제1427호로 지정하여 사적과 보물이 공존하는 유적지가 되었다. 지금은 국가 유산청으로 명칭이 바뀌었지만 2011년 7월, 당시 문화재청에서 '경주 괘릉(慶州掛陵)'으로 불리던 원성왕릉의 명칭이 '원성왕릉'으로 공식적으로 변경되었다.

원성왕릉(괘릉)이 처음 알려지기 시작한 것은 임진왜란 이후 간행된 <동경잡기>(1669년)로, 이 책 '능묘조'에 괘릉이라는 말이 나타나면서부터다.

"누구의 왕릉인지는 모르나 이곳에 왕릉이 조성되기 이전에 작은 연못이 있어 그곳을 메우고 왕릉을 마련했는데 현실(玄室)에 물이 고이기 때문에 관을 허공에 걸어놓았다는 데서 괘릉(掛陵)이라는 이름이 유래되었다."라는 기록이 이곳이 원성왕릉(괘릉)임을 알려준다.

그렇다면 왜 원성왕릉이 괘릉(掛陵)이라는 이름으로 불리게 되었을까? 그 이유를 알아보면 이름의 유래를 이해하기 쉽다. 원성왕릉이 들어선 자리에는 곡사(鵠寺)라 불리던 절이 있었다. 그런데 798년 12월, 원성왕이 죽자 곡사를 1.8km 떨어진 지금의 경주 외동읍 말방리로 옮기고, 곡사 앞에 있던 연못에 왕의 능을 조성한 것으로 보인다.

"12월 29일에 왕이 돌아가시니 시호를 원성이라 하고, 유언으로 왕의 유해(靈柩)를 봉덕사 남쪽에서 화장(燒火)했다."는 <삼국사기>의 기록과 "원성왕릉이 토함산 곡사(鵠寺)에 있고, 곡사는 당시의 숭복사(崇福寺)를 말한다. 숭복사에는 최치원이 비문을 쓴 비석이 있다."는 <삼국유사>의 기록을 통해 원성왕릉이 곡사 연못 위에 조성되면서 현실(玄室)에 물이 고이는 것을 막기 위해 관을 매달아 조성하였기 때문에 지금의 원성왕릉이 괘릉으르 불리게 되었음을 짐작하게 된다.

지금도 경주 외동읍 말방리에는 숭복사지(崇福寺址)와 삼층석탑이 남아있다. 곡사를 지금의 자리로 옮겨 숭복사라 불렀으며, 이곳에서 최치원이 쓴 곡사(鵠寺)라는 비편(碑片)이 발견되었다.

원성왕릉의 석물 이야기

원성왕릉 앞에 서면 가장 먼저 만나는 것이 화표석(華表石)이다. 화표석은 원성왕릉에서 가장 먼저 만나는 팔각 석기둥으로, 산 자와 죽은 자의 경계를 나타내는 신도의 입구를 가리키는 것은 아닐까? 아마 조선왕릉의 홍살문 역할을 하는 것이리라 짐작하며 화표석(華表石)을 살펴보게 된다.

화표석은 인도 아쇼카 왕의 석주형식을 중국 남조가 받아들였고, 수, 당의 영향을 받은 신라 능묘에까지 이어진 것으로 보는 견해가 있다.

화표석 상단에는 오목한 부분이 남아있는데 아마도 그 화표석 위에 석상이 있었을 것이라 추론하는 사람도 있다. 사자상의 석주는 월정교 입구에도 세워져 있기 때문이다. 고(故) 이근직 교수는 '화표석은 당나라 능묘 제도를 받아들여 원성왕릉에 최초로 적용된 예' 라고 했다.

원성왕릉 전경 ⓒ이명희

다음으로 눈길이 가는 것은 첫 번째 석인상으로, 원성왕릉에서는 잘 알려진 유명한 석상이다. 우람한 몸집, 부리부리한 눈, 높은 광대, 앙다문 입, 곱슬한 수염, 뒤로 묶은 모자, 불끈 쥔 손과 돌기가 나 있는 돌 방망이 등이 이채롭다. 흔히 서역인 상으로 알려져 있는데 소그드 인이나 위구르 인이라는 설도 있다.

또 다른 석인상 ⓒ이명희

서역인상의 석인상 ⓒ이명희

관모와 관복을 입은 석인상의 뒷모습을 보면 명확하게 갑옷임을 알 수 있다. 양당개(소매와 견갑이 없는 것이 특징)를 걸친 호인상 이라고도 불리며, 뒤에는 산낭(算囊) 주머니를 찼다. 이 산낭 주머 니 덕분에 서역인이리는 설명이 지배적이고, 당시 무역을 하던 서 역인들이 계산기를 넣은 산낭을 차고 있다고 보는 것이다. 아직도 학자들 사이에서 의견이 분분하지만, 아주 믿음직한 석인상을 보 면 신라왕릉을 지키는 수호자의 역할로는 제격인 듯 싶다.

그 석인상을 지나면 또 다른 석인상을 만나게 되는데 한때는 이 석인상이 문인상이라 알려지기도 했다. 그런데 자세히 브면 석인 상은 무인들이 입는 큰 소매의 도포 차림인 대수장포(大袖長袍)에 역시 양당개를 걸쳤고, 앞에 든 것은 홀이 아닌 장검이다.
머리에 쓴 관 중앙에 장식한 곤충은 매미가 아닌 벌이라는 결론을 내렸는데, 당시 벌은 무사의 상징이었다고 한다. 이 석인상들은 관 검 석인상, 또는 무인상으로 분류되는데 이런 복식을 한 관검 석인 상은 33대 성덕왕릉에도 보이며, 안강에 있는 42대 흥덕왕의 능에 도 나타나고 있다. 두 석인상을 나란히 두고 보면 분명 차이가 있 다. 그러나 그 당시는 문인과 무인의 구분이 뚜렷한 시기가 아니었 다. 문·무를 겸비한 인물이 관직에 등용되었던 시기였다.

원성왕릉에서 가장 해학적인 석물은 석사자(石獅子)상이 아닐까 생각한다. 석사자는 왕릉 사방을 지키는 영물을 상징하는 석물로 여겨지며, 경복궁에서도 그 예를 볼 수 있다. 이곳에는 동, 서, 남, 북 사방을 지키는 석사자 네 마리가 각기 다른 표정으로 자리를 지 키고 있는데 그 모습이 아주 재미있다.

앞발을 살짝 든 석사자의 익살(왼쪽)과 동쪽 석사자(오른쪽) ⓒ이명희

물론 석사자의 배치 위치에 대한 논의는 학계에서 여러 주장이 있는 부분이다. 42대 흥덕왕릉에는 석사자가 능의 네 모서리에 있는데 이는 당시 능에 조성된 석물이 원성왕릉의 것을 모방했다고 보는 견해가 지배적이다. 지금의 원성왕릉에 배치된 석사자는 아마도 흥덕왕릉 이후에 재배치한 것이 아닐까 추정한다. 원성왕릉 입구에서 들어가는 오른쪽에 있는 석사자 가운데 안쪽에 있는 석사자는 앞발을 살짝 들고 마치 다가오는 관람객들에게 악수라도 청할 기세이다. 이는 당시 석물을 조각하는 조각가들의 친근함과 익

살이 이 석사자에 담긴 것은 아닐까 생각하니 신라인들의 마음속에 남은 여유와 편암함이 엄숙한 왕릉에서조차 전해져 오는 것 같다. 어떻게 지엄한 왕릉 앞에서 저런 익살을 부릴 수 있을까 생각하니 빙그레 웃음이 난다.

원성왕릉 앞에서

원성왕릉은 높이 6m, 지름 23m의 원형 봉토분이고, 봉분을 보호하기 위해 보호석(保護石)을 설치했다. 보호석을 흔히 호석이라 하는데 원성왕릉의 보호석은 마치 목조건물에 올려진 석조기단처럼 지대석 위에 놓여 있다. 그 높이는 무려 1m에 가깝고(95cm), 길이 120cm의 면석을 놓았으며, 그 위에는 갑석이 올려져 있다.

원성왕릉의 전경 ⓒ이명희

원성왕릉에는 봉분을 감싼 호석 이외에도 난간을 두른 회랑이 있다. 회랑 바닥에는 부채꼴 모양의 박석을 깔았고, 왕릉을 보호한 석난간을 설치했으며, 난간 지대석에 난간 석주를 세우고, 돌란대 두 개씩을 끼워 왕릉을 감쌌다. 지금 남아있는 42개의 난간 석주 가운데 17개는 새로 복원한 것이다.

맨 아래에는 지대석과 면석(판석)이 있고, 면석을 보호하는 탱석에는 12지신상이 새겨져 있는데, 당시 신라의 왕릉에 12지신상과 석사자상을 배치했다는 것을 알 수 있는 부분이다. 탱석은 면석보다 약간 앞으로 나와 있는데 모두 36개의 면석과 36개의 탱석이 있음을 알 수 있다.

33대 성덕왕릉에서는 12지신상을 따로 조각해서 세운 것을 원성왕릉에서는 더 발전시켜 탱석에 직접 조각하는 모습을 보여준 것이다. 상단에는 봉분을 갑석으로 둘렀다.

왕릉 앞에는 상석(혼유석)이 있다. 이 상석은 주로 왕릉 남쪽에 세워졌으며, 원성왕릉의 상석 네 방향으로는 안상(眼象)이 새겨져 있다. 상석은 태종무열왕릉에서 처음으로 나타난다는 것을 확인할 수 있는데, 원성왕릉의 상석은 발전된 신라왕릉 시기의 상석으로 본다. 그러나 42대 흥덕왕릉 이후에는 그 규모가 축소되었다.

안상(眼象)이 새겨진 상석(혼유석), 오른쪽에 작은 비석의 흔적이 보인다. ⓒ이명희

원성왕은 즉위한 지 14년(798) 12월에 돌아가셨고, 시호를 원성이라 했으며, 봉덕사 남쪽에 옮겨 화장했다. <삼국유사> 기이편에 "왕의 능은 토함산 서쪽 곡사에 있다."라고 기록되어 있는데 곡사는 지금의 숭복사(崇福寺)이고, 최치원이 지은 비가 있다. 이 기록 덕분에 이 왕릉의 피장자가 원성왕이라는 사실이 밝혀졌다.

왕릉 앞에 놓인 상석에서 오른쪽으로 시선을 돌리면 작은 석물 하나가 눈길을 사로잡는다. 이 석물은 원성왕의 능이라는 것이 밝혀지기 전에 이곳을 문무왕릉(文武王陵)이라고 여긴 경주 김씨 문

중에서 문무왕릉이라고 새긴 묘비를 세웠던 곳이다. 아직 그 흔적이 완전히 사라지지 않고 자리를 차지하고 있어서 원성왕릉을 찾는 관람객들에게 지금도 문무왕의 이름이 회자(膾炙)되고 있는 것이다. 이 비석의 원인은 아마도 일제강점기 때 경주박물관장을 했던 오사카 긴타로(大阪金太郎)가 남긴 기록 때문이 아니었을까?

 나는 왕릉을 돌아보는 날이면 늘 왕릉의 뒤에서 내려다보는 전망을 좋아한다. 원성왕릉의 뒤에서도 그 앞으로 보이는 들판을 바라보면 또 다른 감회가 들기 때문이다. 혹시 1300년 전의 그곳은 바다가 바라보이는 자리는 아니었을까 하는 망상도 하면서 말이다. 원성왕릉이 있던 자리가 곡사(鵠寺)의 연못이었다면 곡사 법당이 있던 자리가 지금의 잉(孕)이 있는 자리가 아니었을까?

 잉(孕)이란 풍수지리에서 쓰는 용어로, 능(무덤)의 뒤(북쪽)에 봉긋하게 솟은 지점을 말한다. 풍수(風水)에서는 산줄기에서 내려온 땅의 기운(地氣)이 모여 묏자리로 그 좋은 기운을 전달해 주는 중요한 자리다. 원성왕릉도 좋은 기가 모이는 잉(孕) 아래 위치해 있다고 볼 수 있을 것이다. 그렇다면 원성왕릉을 곡사의 연못에 피어난 한 송이 연꽃이라 생각하는 것은 지나친 비약일까? 지금도 원성왕릉에 가는 날이면 꼬리에 꼬리를 무는 생각이 끝이 없다.

잉(孕)에서 본 원성왕릉, 마치 한송이 연꽃봉오리를 닮았다 ©이
명희

 원성왕릉 입구에 서면 늠름한 석인상이 방문객을 맞이한다. 잠시
옷깃을 가다듬고 잘 다듬어진 왕릉으로 들어서면 온갖 잡념들이
사라지고 숙연해진다. 1300여 년이 지난 지금도 원성왕릉(掛陵)
에 가면 힐링이 되고, 어떻게 살아야 하는지 생각하게 된다.

 인겸(원성왕의 큰아들)의 세 아들 가운데 큰아들(소성왕)이 왕이
되었고, 그 뒤를 소성왕의 아들 애장왕이 이었다. 그런데 애장왕은
두 숙부(헌덕왕과 흥덕왕)에게 시해당한다. 그 숙부(흥덕왕)의 부
인이 된 장화왕후는 애장왕과 남매였으니 삶이란 것이 참 애달프
기 그지없다. 왕릉에 가면 그런 역사적 아이러니가 현대를 살아가

65

는 우리들에게 많은 가르침을 준다. 원성왕은 고요히 누워 어떤 생각을 할까? 먼저 간 두 아들의 삶을 슬퍼할까? 아니면 손자들의 피비린내 나는 권력다툼을 통곡하며 지켜봤을까?

"삶이 그대를 속일지라도 슬퍼하거나 노여워하지 말라. ……즐거운 날은 오고야 말리니……."

푸시킨의 말처럼 지나간 것은 늘 그리움이 되나 보다.

천년의 세월을 견뎌온 왕릉을 보며, 나를 돌아보는 시간을 가질 수 있어 원성왕릉에 자주 가는 편이다. 계절에 따라, 날씨에 따라 다른 의미를 주는 이곳이 참 좋다. 삶과 죽음의 가치와 의미, 철학에 대해 성찰하는 시간이 되어 좋은 그곳, 원성왕릉에서 오늘도 삶을 만난다. 도래솔에 둘러싸인 원성왕릉은 언제 어느 때에 가서 보아도 늘 편안한 곳이다.

숭복사지(崇福寺址)와 숭복사지 삼층석탑(三層石塔)

숭복사(崇福寺)는 원래 원성왕릉이 있던 곳에 곡사(鵠寺)라는 이름으로 창건되었던 절이다. 곡사를 창건한 사람은 원성왕의 비(妃)였던 숙정왕후의 외조부(김원량金元亮)이다. 곡사는 원성왕이 승하(昇遐)하자 지금의 경주시 외동읍 말방리로 옮겨져 원성왕릉의 원찰(願刹) 역할을 했다. <삼국유사(三國遺事)> '왕력' 편에 그 기록이 있다. 798년, 원성왕이 승하(昇遐)하자 "왕의 능을 토함산 서쪽에 있는 곡사(鵠寺)의 자리에 모셨고, 그 자리에 있던 곡사는 지금의 경주시 외동읍 말방리로 옮겨졌다. 헌강왕

(875~886) 때 그 이름이 숭복사(崇福寺)로 바뀌었고, 비문은 진성여왕 때 최치원이 지었다." 그 내용은 후지시마 가이지로(藤島亥治郎)의 책에도 전한다.

경주시 외동읍 말방리에는 숭복사지와 숭복사지 삼층석탑이 남아있다. 1930년대까지만 해도 이 절터는 말방리라는 마을 이름을 따 말방리사지(末方里寺址)로 알려져 있었다. 그러다가 1939년 이후 비편(碑片)이 발견되면서 이 절터가 <삼국유사>에 기록된 곡사였고, 뒤에 이름을 고친 숭복사였음이 알려지게 되었다.

지금 숭복사지에 가면 넓은 절터와 동·서쪽으로 배치된 숭복사지 삼층석탑 두 개가 남아있는 것을 확인할 수 있다. 삼층석탑은 당시 통일신라의 쌍탑식 가람 배치를 따랐음을 알 수 있다. 숭복사지 삼층석탑 앞에 세워진 안내판에는 "두 개의 탑이 동일한 형태로, 2층의 바닥돌 위에 3층으로 몸돌을 둘렀다. 그런데 두 탑은 훼손되었고, 남아있는 바닥돌 위에는 팔부신중상을, 1층 몸돌에는 문 모양을 새겼다."고 적혀있다.

그 옆에는 최치원이 비문을 썼던 쌍거북 비신과 비문이 복원되어 있는데, 진품은 경주박물관에 있다. 비문에는 곡사의 건립과 원성왕릉 조성으로 곡사가 옮겨진 사실, 숭복사의 역사적 기록 등이 새겨져 있다.

숭복사지 삼층석탑과 팔부신중상 ©이명희

숭복사지와 숭복사지 삼층석탑 ©이명희

지금도 숭복사지를 찾아가는 길은 조금 어렵고 복잡하다. 하루빨리 숭복사지가 복원되어 박물관에 있는 비신이 제 위치를 찾기를 바랄 뿐이다.

경주박물관에 있는 숭복사지 비신 ⓒ이명희

숭복사지에 복원된 비문과 비신 ©이명희

05. 신라의 번영을 이어간 헌덕왕릉

김규광

 난생처음 3년간의 경주 박물관대학 과정을 마무리하는 시점에서 경주유적에 대한 글을 써보자는 48기 이명희 선생님의 말씀에 가슴이 철렁했지만 그래도 이때 아니면 언제 이런 기회가 오겠나 하는 마음으로 글재주도 없는 주제에 늙은이의 만용으로 자료를 찾고 직접 왕릉을 찾아 나섰다. 장마가 시작되고 며칠 되지 않아 맑은 날이 언제 오려나 했는데 마침 날씨가 맑아 달랑 휴대폰 하나만 들고 왕릉에 다녀왔다. 그리고는 컴퓨터 앞에 앉아 인터넷과 유튜브를 뒤지고, 그동안 찾아둔 자료와 책을 보며 헌덕왕이라는 인물에게 빠져들기 시작했다.

헌덕왕은 누구인가?

 신라의 제41대 군주, 이름은 언승(彥昇)이고 제39대 소성왕의 동복동생이며, 제40대 애장왕의 숙부로, 아버지는 제38대 열조 원성왕의 장자 김인겸이다. 790년 당나라에 사신으로 다녀왔고, 791년 김제공의 난을 진압했으며, 할아버지 원성왕에 의해 794년 시중으로 임명되었고, 795년 이찬에 올라 재상이 되었다. 796년 병부령을 제수받기도 하여 원성왕 말기에 이미 정치적으로 상당한 영향력을 지니고 있었음을 알 수 있다. 다르게 말하면 그만큼 원성왕의 정치가 원성왕의 직계 왕족들 중심의 측근 정치이기도 했다는 것이리라.

원성왕의 아들 김인겸과 손자 소성왕(인겸의 장자)이 모두 일찍 죽자 소성왕의 어린 아들 애장왕의 즉위(800년/13세)와 함께 섭정이 되었고, 상대등에 올랐으며, 애장왕 대에 김언승의 세력은 상당했는데 김언승을 지원하는 아우 김수종(42대 흥덕왕)이 시중에 올라있었기 때문이었다. 결국 그러한 세력을 바탕으로 809년 아우 김수종과 함께 반란을 일으켜 애장왕을 시해(22세)한 뒤 애장왕을 보필하던 동생 김체명의 목숨마저 빼앗고는 스스로 왕위에 올랐다.

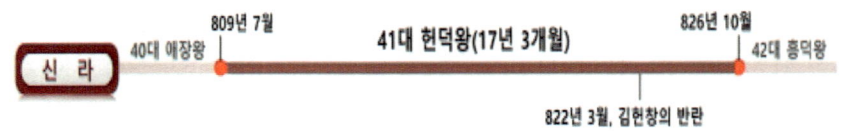

숙부가 조카의 왕위를 찬탈한 사례는 이후 고려 시대에도 있었고 조선 시대에도 있었다. 고려 시대에는 14대 헌종이 11세에 즉위하였으나 숙부인 숙종에 의해 12세의 나이에 승하했고, 그리고 조선 시대에는 모두가 아는 6대 단종(본명 이홍위)이 12세에 즉위하였으나, 이듬해 숙부인 수양대군(세조)의 반란(계유정란, 1453년)으로 인해 상왕으로 물러난 뒤 또 다른 숙부(叔父)인 금성대군의 집에 연금상태로 있다가 1457년 6월에 일어난 집현전 학사들(성삼문 등)이 단종 복위운동을 펼친 것을 기화로 노산군으로 강등된 동시에 강원도 영월로 유배되었다가 그곳에서 사약을 받아 생을 마감했다. 당시 단종의 나이는 17세였다. 한 가지만 더 보태면 단종이 죽은 후 화가 미칠 것을 두려워해 누구도 단종의 시신을 수습

하지 않았으나 엄흥도는 위험을 감수하면서 관과 장례 도구를 마련해 몰래 묻어 주었고 이후 중종 때 단종의 무덤이 지금의 자리임(영월 장릉)이 알려졌으며, 숙종 조에 이르러서야 장릉으로 정비되며 엄흥도의 공덕을 기리는 정려각이 장릉에 세워졌다고 하는데 이런 역사도 우리는 기억해야 할 것 같다.

다시, 헌덕왕은 애장왕을 섭정할 때부터 귀족계급을 억압하고 왕권 강화를 위하여 관제를 개혁했으며, 결국 스스로 일으킨 반란으로 애장왕에 이어 왕위를 승계한 뒤에는 일족의 권력 유지를 위해 노력하였다고 한다. 즉위 후 국내의 제방을 수리해 농사를 장려했으며 당나라에 사신을 파견하는 등 친 당 정책에 힘을 기울였고, 819년에는 김웅원(金雄元) 등 군사 3만 명을 당나라에 파견해 운주절도사 이사도(李師道)가 일으킨 난의 평정을 돕게 했다고 한다.

헌덕왕 대에는 여러 차례 기근이 발생했으며 815, 819년에는 초적이 봉기하는 등 불안한 기운이 감돌았고, 이러한 혼란을 틈타 822년 김헌창(金憲昌)이 반란을 일으켰으며 825년 김헌창의 아들 범문(梵文)이 다시 반란을 일으켰다. 헌덕왕은 2차례에 걸친 김헌창 부자의 반란을 모두 진압했지만, 호족의 지방할거(地方割據)적 경향은 더욱 촉진되었다고 한다. 826년 패강(浿江, 지금의 대동강)에 300리의 장성을 축조했고, 죽은 뒤 천림사(泉林寺) 북쪽에서 장사 지냈다고 한다.

헌덕왕릉을 보다

헌덕왕릉은 1963년 1월 21일에 사적으로 지정되었으며 면적은 1만 8,007㎡이다. 무덤의 지름은 26m, 높이는 6m이고 천림사(泉林寺) 북쪽에 장사 지냈는데 지금의 경주시 동천동 80번지이다.

 무덤의 외형은 흙으로 덮은 원형 봉토분(圓形封土墳)이고 매장 주체부는 굴식 돌방무덤 [橫穴式石室墳] 이고, 무덤 밑 둘레를 따라 잘 다듬은 판석(板石)을 사용해 병풍처럼 돌려 무덤의 보호석을 마련하였다. 판석과 판석 사이에는 두 판석을 맞물리게 하는 탱석(撑石)을 끼워 판석을 고정시켰으며 아울러 탱석에는 같은 간격으로 방향에 따라 12지신상(十二支神像)을 조각하였으며 이들 판석과 탱석 위로 갑석(甲石)을 올려 보호석을 마무리하였다.

 12지는 12지생초(十二支生肖)라고도 하는데 중국에서 방위와 시간 개념으로 출발한 것으로 불교의 영향으로 열두 동물로 대응한 것은 후대의 일로 알려져 있고, 이것이 무덤에 있는 것은 방위신(方位神)으로 무덤을 수호한다는 의미에서 만들었다고 한다. 신라의 왕릉에는 성덕왕릉·괘릉(掛陵) 등 몇몇 예가 있으며 김유신 묘에도 무덤 주위에 12지신상이 조각되어 있다.

헌덕왕릉 모습 ⓒ김규광

이 능에는 십이지 중 돼지 [亥]·쥐 [子]·소 [丑]·호랑이 [寅]·토끼 [卯] 등 다섯 개 상만 남아있고 그 밖에는 없어졌다. 나머지는 무덤 전방으로 흐르는 경주의 북천(北川)이 1742년(조선 영조 18) 8월 22일에 범람해서 무덤의 일부가 유실되었으며, 당시 좌의정 송인명이 영조에게 그 사실을 아뢰었고, 그로 인해 경상도 관찰사가 수축하였다고 한다.

조선왕릉의 석물들도 영조 대에 들어 수축된 경우가 많았다고 한다. 헌덕왕릉의 병풍석도 그때 다시 수축되어 오늘에 이르고 있는 것이라 생각하니 지금까지 그 자리를 지켜오는 석물들 하나하나가 소중한 우리의 역사를 대변해 주는 것 같다.

12지신 상이 새겨진 병풍석 ⓒ김규광

왕릉의 호석 구조는 앞 시기의 왕릉을 충실히 계승하였으나 면석과 탱석은 각각 48개로 구성되었다. 탱석에도 고유한 방향에 맞게 12지신상을 부조하였기에 이웃하는 12지신상 사이에 들어가는 면석과 탱석의 수는 이전 시기 왕릉보다 각각 1개씩 총 24개가 더 들어간 것이라 그만큼 봉분의 지름이 커졌다. 그런 까닭에 헌덕왕릉은 12지신상이 부조된 신라 왕릉 가운데 가장 큰 규모를 자랑한다. 남쪽·서쪽 호석과 석난간의 대부분은 1970년대 경주고도관광종합개발계획에 의해 정비, 보수함으로써 새롭게 마련된 것이며, 왕릉의 남동쪽에 놓인 상석(床石)은 흥덕왕릉의 상석을 모방한 탁자식 형태로 2007년에 설치된 것이다.

일제시대 때 헌덕왕릉 모습 ⓒ김규광

헌덕왕과 관련된 사찰, 가지산 석남사

석남사 입구 ©김규광

석남사(石南寺)는 824년(신라 헌덕왕 16년) 도의국사(道義國師)가 창건한 사찰이고, 임진왜란을 겪은 뒤인 1674년(현종 13년) 언양 현감의 시주로 중건하였다. 6.25 전쟁으로 나라가 혼란한 와중에 폐허가 되었다가 1959년에 복원되었는데 이때부터 비구니들의 수련 도량으로 그 면모를 갖추었다고 전한다.

06. 로맨스가 묻힌 흥덕왕릉

남재칠

흥덕왕(興德王)! 비운의 사랑과 개혁의 발자취

신라 중후기의 정치적 전환기였던 9세기 초, 제42대 흥덕왕(興德王, 재위 826~836)은 정치 개혁과 국제 교류, 문화예술의 융성을 이끈 인물이다. 그의 능은 단순한 무덤이 아니라, 장화부인과의 영원한 사랑이 깃든 곳이자 신라의 문화와 대외 교류의 흔적을 엿볼 수 있는 소중한 공간으로 경주시 안강읍 육통리에 위치하며, 신라 왕릉 중에서도 독특한 조형성과 상징성을 지닌 숨겨진 보석 같은 문화유산이다.

흥덕왕은 원성왕의 손자이자 헌덕왕의 동생으로, 826년 즉위하였다. 즉위 후 경휘(景徽)로 개명하였으며, 시호는 흥덕(德을 일으킨 자)이다. 흥덕왕의 재위 기간은 비록 10년으로 짧았지만, 그는 불안정한 시대 상황 속에서도 왕권 강화와 민생 안정을 위한 여러 정책을 추진했다. 특히 그의 대표적인 업적으로는 사치 금령 교서 반포와 장보고의 청해진 대사 임명 등이 꼽힌다. 흥덕왕의 가장 유명한 정책 중 하나는 바로 사치 금령 교서(奢侈禁令敎書)의 반포이다. 재위 9년째인 834년에 내려진 이 교서는 의식주 전반에 걸친 지나친 사치를 강력하게 규제하는 내용을 담고 있다.

삼국사기 권 제33 > 잡지 제2 > 복색(服色) > 흥덕왕의 금령이다.

興德王即位九年 太和八年 下教曰, 人有上下 位有尊卑 名例不同 衣服亦異 俗漸澆薄 民競奢華 只尚異物之珍奇 却嫌土産之鄙野 禮數失於逼僭 風俗至於陵夷 敢率舊章 以申明命 苟或故犯 國有常刑.

흥덕왕(興德王) 즉위 9년(834)인 태화(太和) 8년에 교(敎)를 내려 말씀하시길, "사람은 위아래가 있고 지위는 높고 낮음이 있으므로, 명칭과 법식이 같지 않고 의복도 역시 다르다. 인심은 차츰 각박해지고, 백성은 사치와 호화를 일삼고 다른 나라의 진기한 물건만을 숭상하고 질박한 토산물을 싫어하며, 예절이 참람하게 되고 풍속은 퇴폐한 지경에 이르렀다. 감히 옛 법을 따라 밝게 명을 내리노니 고의로 범할 경우에는 엄정한 국법을 시행하겠노라." 하였다.

 당시 신라의 귀족들은 지나치게 화려한 의복과 장신구, 거창한 주택, 그리고 사치스러운 음식 문화를 향유하고 있었다. 이러한 사치는 국가의 재정을 낭비하게 하고, 백성들의 피폐한 삶과 극명한 대비를 이루며 사회적 위화감을 조성했다. 흥덕왕은 이를 왕권의 약화와 국력 소모의 한 요인으로 보고, 강력한 규제를 통해 사회 질서를 바로잡고 국가 기강을 확립하고자 했다. 교서의 내용은 매우 구체적이다. 신분별로 옷감의 종류, 색깔, 장신구의 재질 등을 엄격히 제한했고, 집의 크기나 장식, 심지어 식탁의 품목까지 규정했다. 이는 단순한 사치 금지를 넘어, 골품제 사회의 신분 질서를 다시 한번 확고히 하고, 왕실의 권위를 회복하려는 의지가 담긴 조치로 해석된다. 비록 사치 풍조가 근절되지는 못했지만, 이러한 시도는 흥덕왕이 국정 운영에 대해 깊은 고민을 했음을 보여준다.

 흥덕왕의 가장 큰 업적 중 하나는 장보고(張保皐)를 청해진(清海鎭) 대사(大使)로 임명하여 해상 무역의 거점을 마련하고 해적을 소탕한 것이다. 이는 재위 3년(828년)에 이루어졌으며, 흥덕왕의 선견지명과 과감한 결단을 보여주는 사례로 평가된다.
당시 동아시아 해상에는 해적들이 창궐하여 무역 활동을 방해하고, 중국에 노비로 끌려가는 신라인들의 피해가 심각했다. 흥덕왕은 이러한 문제를 해결하고 해상 무역의 안전을 확보하기 위해 장보고의 능력을 높이 평가하여 그에게 막강한 권한을 주어 완도에 청해진을 설치하게 했다.

 청해진은 신라, 당, 일본을 잇는 동아시아 해상 무역의 중심지로 성장했으며, 삼국 간의 중계무역항의 역할을 톡톡히 하였으며 장보고는 이를 통해 해상 왕국을 건설했다. 신라가 해양 실크로드 네트워크의 최동단 거점으로서 서방 문물을 받아들이고, 반대로 신라와 동아시아의 문물과 문화를 서방에 알리는 중요한 연결고리 역할을 했다. 이는 신라의 국익 증대뿐만 아니라, 국제적인 위상 강화에도 크게 기여했다. 흥덕왕의 이러한 외교적, 경제적 안목은 신라 하대 혼란 속에서도 빛나는 성과로 남았다.
 흥덕왕은 또한 교육에도 관심을 기울여 원성왕 때 시행된 독서삼품과(讀書三品科)를 활발히 운영했다. 독서삼품과는 신라 하대에 시행된 관리 등용 시험으로, 국학(國學)의 학생들이 유고 경전을 읽은 수준에 따라 인재를 등용하는 제도이다. 흥덕왕 시기에도 이 제도가 잘 운영되어 능력 있는 인재들이 관직에 진출할 기회를 얻었다. 이는 골품제의 한계를 극복하고 실력 위주의 사회를 지향하려는 노력의 일환으로 볼 수 있다. 뿐만 아니라 김유신을 흥무대왕으로 추봉하여 민족 영웅의 위상을 재정립하였다.

흥덕왕의 로맨스

흥덕왕은 826년 왕위에 오르지만, 즉위 두 달 만에 왕비 장화부인이 세상을 떠난다. <삼국사기> '본기' 중에 따르면, 왕은 사모하는 마음을 잊지 못하여 흥이 없이 지냈다. 신하들이 새 왕비를 맞아들이기를 청하나 "외짝 새도 배필을 잃은 슬픔이 있거늘 하물며 좋은 배필을 잃고서 어찌 차마 무정하게 재취할 수 있느냐"하며 거절했을 뿐 아니라, 시녀들도 가까이하지 않았고, 시녀도 두지 않았으며, 환관만을 곁에 두고 평생 수절한 왕이었다. 자식도 두지 않았고, 결국 사후에는 후대 왕위계승을 둘러싼 격렬한 다툼이 벌어지게 된다.

이 기록은 단순한 역사적 사실을 넘어, 사랑을 지켜낸 왕의 철학과 감정을 보여주는 문헌적 흔적이라고 할 수 있다.
"왕비의 무덤에 합장해달라"는 왕의 유언에 따라 왕릉은 경주 시가지에서 멀리 떨어진 안강 북쪽 비화양(比火壤)에 조성되었으며, 이는 <삼국유사> '왕력' 편에도 기록되어 있다: "능재안강북비화양 여비창화합장(陵在安康北比火壤 與妃昌花合葬)" → "왕의 능은 안강 북쪽 비화양에 있으며, 왕비 창화와 함께 묻혔다."

왕릉은 소나무 숲으로 둘러싸여 있으며, 마치 왕이 조용히 그녀

곁에 눕고 싶었던 마음을 담은 듯한 풍경이다. 흥덕왕의 업적도 크지만, 한 사람을 향한 지고지순한 사랑은 오늘날까지도 많은 이들의 마음을 울리고 있다.

안강송과 호인상·관검인석상의 호위를 받고 있는 흥덕왕 부부 ⓒ
남재칠

'왕의 사랑' 이라면 흔히 고구려 2대 임금 유리왕을 떠올린다. 유리왕은 왕비 송씨(松氏)가 죽은 후 화희(禾姬)와 치희(雉姬) 두 여인을 계실(繼室)로 맞았다. 두 여인은 늘 다투었다. 그러던 중인 기원전 17년 어느 날, 유리왕이 사냥을 간 틈에 화희에게 모욕을 당한 치희가 친정으로 가 버렸다. 그녀의 친정은 한(漢)나라였다. 사냥에서 돌아온 왕은 즉시 말을 달려 치희의 뒤를 쫓았다. 하지만 화가 머리 꼭대기까지 치민 그녀는 궁으로 돌아가자는 왕의 제안을 거부했다. 홀로 처량하게 돌아오던 왕은 나무 아래에 잠깐 머물러 지친 마음과 몸을 달래었다. 그때 꾀꼬리 두 마리가 짝을 지어

왕의 머리 위를 날아다녔다. 그 광경을 보고 왕이 넋두리를 하였다.

펄펄 나는 저 꾀꼬리 - 翩翩黃鳥
암수 서로 노니는데 - 雌雄相依
외로워라 이 내 몸은 - 念我之獨
뉘와 함께 돌아갈꼬 - 誰其與歸

홍덕왕은 널리 알려진 유리왕의 사랑보다도 훨씬 참된 사랑을 보여준다. 사랑하는 사람을 잃은 슬픔을 시와 노래로 남긴 유리왕은 <황조가> 덕분에 역사에 이름을 남겼지만, 그 이후 자신의 생활을 어떻게 바꾸었다는 증거는 없다. 그러나 따뜻한 인간적 정으로 넘쳐났던 홍덕왕은 경주시 안강읍 육통리 산42번지 솔숲 속에 아내와 함께 누워있다. 홍덕왕의 사랑 이야기는 신라 역사 속에서도 가장 애틋하고 순정적인 로맨스로 손꼽힌다. 그의 사랑은 단지 왕비에 대한 애정이 아니라, 평생을 지켜낸 마음의 약속이었다.

신라왕릉 예술의 집대성

왕릉은 장화부인의 능에 합장되기를 원한 왕의 유언에 따라 조성되었으며, 비편에 "홍덕대왕은 태조 성한의 24대손"이라는 문구로 능의 주인을 확인할 수 있다. 가장 먼저 홍덕왕릉임을 알려준 것은 1937년 경주의 향토사학자 최남주(崔南柱) 선생이 왕릉 주변에서 '홍덕'이라는 글자가 새겨진 비석 파편 7개를 수집하여 기증하면서였다.

이후 1977년에는 더 많은 비석 파편에 대한 발굴 조사가 진행되어, 전서체(篆書體)로 '흥덕'이라고 새겨진 비편이 추가로 확인되면서 이 능이 흥덕왕의 것임이 더욱 명확하게 입증되었다. 이러한 도굴과 조사에도 불구하고 흥덕왕릉은 신라 왕릉 가운데 능의 원형이 가장 잘 보존된 곳으로 평가받고 있다. 이는 무덤 자체가 견고하게 축조되었음을 보여주는 것이라 할 수 있다.

흥덕왕릉은 지름 20.8m, 높이 6m로 신라 왕릉 중에서드 규모가 크고 형식이 완전하다. 봉분 아래에는 둘레돌과 십이지신상 조각, 돌사자 4구, 관검석인상 각 1쌍(2쌍) 등 정교한 조형물이 배치되어 있다. 원성왕릉과 성덕왕릉의 형식을 절묘하게 혼합한 구조로, 신라 왕릉 예술의 집대성이라 평가된다. 흥덕왕릉은 신라 왕릉 중에서도 조형미와 상징성이 뛰어나며 석상은 신라 후기 석조 예술의 정수(精髓)이다.

신라왕릉 예술의 집대성 흥덕왕릉 ©남재칠

석상 종류	상징 및 의미
호인상	*서역인의 형상으로 국제 교류의 증거. *금강역사(불교 수호신)로 보는 견해도 등장하며, 종교적 상징성을 지닌 존재로 재해석 하기도 함. *왕릉의 외곽 또는 진입로 주변에 배치되어, 왕릉을 수호하는 신령적 존재로 기능.

관검석인상	*당나라식 공복 차림으로 능 수호.
	*관모를 쓰고 검을 찬 무인의 형상으로, 왕릉을 수
	  호하는 무관 석상
	*당나라 건릉(고종과 측천무후의 능)의 석상과 유
	  사한 점이
	  많아 중국의 영향을 받은 것으로 보임.
	*신라 왕릉 중 관검석인상이 확인된 곳은 성덕왕릉,
	  원성왕릉, 흥덕왕릉뿐임.

사자상	*네 모서리에 배치되어 왕권 수호.
	*왕릉과 그 안의 망자(興德王과 장화부인)를 사악
	  한 기운으로부터 영원히 보호하고 수호하는 역할.
	*사자의 강력한 힘과 위엄은 왕의 권위와 위상을 나
	  타내며,
	  죽어서도 그 권위가 귀신이나 나쁜 기운을 물리쳐
	  왕릉의
	  신성함을 지키는 주술적인 의미를 상징.

12지신상	*탱석에 조각되어 무덤을 우주의 중심으로 상징.
	*흥덕왕릉의 십이지신상은 단순한 상징을 넘어, 신
	  라 후기
	  석조 조각의 기술적·예술적 완성도를 보여주는
	  중요한 유산.
	*왕릉을 수호하는 12지신은 왕의 권위를 시각적으
	  로
	  드러내며, 무덤의 신성함과 불가침성을 상징.
	*흥덕왕릉의 12간지석은 단순한 장식이 아니라, 신
	  라 왕실의
	  우주관, 왕권 사상, 예술적 감각이 집약된 석조물.

8각 경계표 지석	*무덤의 방향성과 우주적 질서를 상징. *8각은 동양 철학에서 팔괘(건·태·리·진·손· 감·간·곤)를 상징하며, 이는 천지자연의 원리와 방위를 나타냄. *왕릉의 경계에 8각 표지석을 세운 것은 왕의 무덤 이 우주의 중심임을 상징하고, 신성한 공간으로서 의 위상을 강조하는 역할.

흥덕왕릉 석상과 그 상징적 의미 ⓒ남재칠

왕릉지기 안강송(安康松)

왕릉 주변의 안강송은 독특한 형태로, 왕릉의 분위기를 더욱 신비롭게 만든다. 안강송은 줄기가 굽은 소나무로, 병풍처럼 왕릉을 감싸며 몽환적인 분위기를 연출하고 있다. 흥덕왕릉과 안강송은 단순한 역사 유적과 식물의 조합을 넘어, 신라의 사랑·예술·자연미가 어우러진 상징적 공간이다. 안강송(安康松)은 경주시 안강읍에서 자생하는 구불구불한 줄기의 소나무를 지칭한다.

안강송은 단순한 소나무 품종을 넘어, 한국적인 미의식과 철학, 그리고 인고의 세월을 살아온 민중의 정신을 오롯이 품고 있는 상징적 존재이다. 안강송은 척박한 환경을 견디며 굽이쳐 자란 줄기를 통해 유연한 강인함, 굴곡진 삶을 극복하는 지혜, 그리고 어떤 역경에도 포기하지 않는 질긴 생명력을 상징한다. 곧게 뻗기 어려운 환경 속에서도 자신의 방식으로 삶을 이어가는 모습은, 현실의 고통과 어려움 속에서도 삶의 의미를 찾고 적응하며 살아가는 우리 민족의 정서와 깊이 공명을 일으킨다.

안강송은 역경 속에서도 굳건히 뿌리내리고 생명을 이어가는 인내와 회복 탄력성의 중요성을 일깨워준다. 때로는 강하게 맞서는 것보다 유연하게 흐름에 몸을 맡기고 변화에 적응하는 것이 더 큰 힘이 될 수 있다. 안강송의 굽이진 형태는 고집스러운 강직함이 아닌, 유연한 적응력을 통해 얻어지는 진정한 강인함의 미학을 보여준다.

모든 안강송은 제각기 다른 모습으로 휘어져 있지만, 그 다름 속에서 자연스러운 조화를 이루고있다. 이는 다양성을 존중하고 개성을 살리면서도 공동체 안에서 어우러지는 현대 사회의 가치와도 맞닿아 있다. 장자(莊子)의 「인간세(人間世)」 편에 나오는 고사성어로 무용지용(無用之用: 무용함이 곧 유용함이다), "쓸모없는 것에 큰 쓸모가 있다"는 의미이다. 거대하고 굽이진 나무가 "쓸모가 없어" 베어지지 않고 오래도록 살아남아, 그늘을 드리우고 많은 생명체의 보금자리가 되는 것에서 유래한다. 곧게 자라지 않아 목재로 쓰이지 못하는 굽은 소나무는 아무도 베어가지 않아 선산을 지키며 오랜 세월을 보낼 수 있었다. 오히려 그 '쓸모없어 보임' 때문에 존재를 보존하고, 더 근원적이고 지속적인 '쓰임'을 얻게 되는 것이다.

흥덕왕릉 안강송 솔숲은 사진작가들이 즐겨 찾는, 유명한 촬영 명소로 '꿈의 출사지'라고 한다. 특히 이곳의 안강송들은 곧게 뻗은 일반적인 소나무들과는 달리, 구불구불하게 휘어진 독특한 형태가 매력적이다. 이러한 굽은 소나무들이 빽빽하게 밀집해 있는 솔숲은 몽롱하고 환상적인 분위기를 자아낸다.

이곳의 안강송들은 각자의 개성과 세월의 흔적을 고스란히 담고 있어 독특한 곡선들이 만들어내는 조형미가 사진가들에게 깊은 영감을 준다고 한다. 날씨와 빛의 변화에 따라 솔숲의 느낌이 완전히 달라지기 때문에, 방문할 때마다 새로운 작품을 담을 수 있는 매력이 있다. 신라 흥덕왕릉이라는 고즈넉하고 역사적인 공간이 솔숲과 어우러져 더욱 운치 있고 사색적인 분위기를 연출하는 것도 큰 매력 포인트이다.

큰 덕(德)을 일으킨 흥덕왕

신라 제42대 흥덕왕은 비극적인 사랑 이야기로 개인적인 슬픔을 겪었지만, 국왕으로서의 책무를 소홀히 하지 않고 혼란스러운 시대 상황 속에서 나름의 개혁을 시도했던 왕이다. 그의 왕비 장화부인에 대한 지고지순한 사랑은 오늘날까지도 많은 이들에게 회자되며, 흥덕왕릉이 단순한 고분을 넘어 사랑의 상징으로 여겨지는 이유가 되고 있다. 개인적인 아픔 속에서도 왕은 왕실의 사치를 금지하는 교서를 반포하며 사회 기강을 확립하려 했고, 장보고를 해상 무역의 수호자로 임명하며 신라의 대외 경제력과 국제적 위상을 높이는 데 크게 기여했다.

흥덕왕의 치세는 신라 하대의 혼란이 심화 되던 시기였음에도 불구하고, 그의 노력 덕분에 신라는 해상 무역의 중심지로서 위상을 떨쳤고, 서역과의 활발한 교류를 통해 문화적 다양성을 확장할 수 있었다. 흥덕왕릉은 단순한 무덤이 아니라, 신라의 국제 교류, 예술, 제도, 감정이 집약된 역사적 공간이다. 아름다운 석조물들과 고즈넉한 안강송 숲은 이러한 그의 삶과 시대적 발자취를 오늘날까지 고스란히 담고 있다.

 흥덕왕의 역사는 단순한 연대기적 사실을 넘어, 한 인간으로서의 고뇌와 국왕으로서의 책임감이 교차하며 만들어낸 드라마틱한 서사라고 할 수 있다. 그의 삶을 통해 우리는 혼란의 시대를 헤쳐나가려 했던 신라 왕의 노력과 시대를 초월하는 인간의 사랑이라는 가치를 다시 한 번 되새겨 볼 수 있다. 향후 문화재적 보존과 활용 방안에 대한 연구가 더욱 필요하다고 본다.

'흥덕興德' 이라는 글자가 발견된 비석의 받침 귀부(龜趺) ⓒ남재칠

07. 천년 왕국의 마지막 숨결, 경순왕릉

김동수

천년의 사직과 백성을 위해 마지막 왕이 된 경순왕

하늘에서 큰 별이 떨어지고 금성이 산산 조각나면서 궁궐이 무너지는 꿈을 꾸었다고 한다. 직감적으로 경순왕은 신라의 국운이 다 되었음을 인지하지 않았을까? 신라를 지키고자 했던 경순왕은 천년 사직이 백척간두(百尺竿頭)에 있음을 절감하고 비통과 절망, 회한(悔恨)에 잠겼을 것이다.

현대를 살아가는 우리들의 작은 삶에도 어쩔 수 없는 상황이 생기면 다 포기하고 다시 시작하는 과정 속의 아픔이 있다. 이것이 나를 지키는 방법이고 더 나은 선택이라 믿기 때문이다. 1000여 년 전, 쇠퇴한 신라를 지키기 위해 백성의 죽음보다 백성의 삶을 선택한 경순왕은 왕으로서의 책임감 있는 결단과 희생이었다. 나의 좁은 소견으로 경순왕에 대한 고뇌를 생각해 본다.

고랑포구 입구, 경순왕릉 가는 길 안내도 ⓒ김동수

경순왕(김부)은 신라의 제56대 왕이며 재위 기간은 8년(927년 ~935년)이다. 고려와 후백제가 치열한 왕좌를 다툴 때 저물어 가는 신라를 지키는 방법을 고민하던 경순왕은 고려로의 귀부(歸附)를 결정했다. 말리는 아들(마의태자)의 청을 뿌리치고 천년의 역사를 고려에 귀속시키려 결정했을 때 경순왕의 고뇌는 죽음보다 더 힘든 고통이었으리라.

그렇게 고려가 된 신라는 왕건에 의해 신라라는 나라 이름 대신 지금의 경주(慶州)라 불리게 되었다. 결국 신라의 왕이었던 경순왕은 개경으로 갔고, 고려의 사심관(事審官)이 되어 경주에서 일어나는 모든 것을 책임지는 사람이 되었다. 그렇게 개경에서 살던 경순왕은 978년 4월, 81세를 일기로 승하했고, 무덤은 연천군 장남면 고랑포리에 있다.

신라의 분열과 혼란이 가중되던 제51대 진성여왕(眞聖女王) 때인 889년 상주에서 일어난 원종(元宗)과 애노(哀奴)의 난을 시작으로, 각지에서 지방 세력들이 반란을 일으켰다. 그 무렵 궁예(弓裔)와 견훤(甄萱)도 반란세력 중의 하나였으며, 견훤의 후백제(900)와 궁예의 후고구려(901)가 건국되고, 신라와 함께 후삼국 시대를 여는 계기가 되었다.

이 시기 신라는 제52대 효공왕(孝恭王)부터 제54대 경명왕(景明王)이 통치하고 있었으나 이 왕들은 견훤과 궁예의 침입을 방어하지 못해 신라는 쇠퇴의 길로 접어들게 되었다. 경명왕 때, 포악했던 궁예가 쫓겨나고 왕건이 왕으로 추대되면서 후고구려는 고려가 되었고(918), 920년 신라와 고려는 동맹 관계가 되었다. 후백제 견훤이 같은 해 10월, 대야성(大耶城)을 공격하자 경명왕은 고려 왕건에게 구원군을 요청하여 견훤이 물러나기도 했다.

경명왕에 이어 즉위한 경애왕(景哀王)은 고려와의 동맹 관계를 강화하여 후백제을 더욱 견제하는 정책을 펼쳤다. 고려가 신라와 함께 후백제에 대한 공세를 강화하자, 견훤은 신라의 수도인 금성(金城)을 공격했고, 포석정(鮑石亭)에서 견훤에게 사로잡힌 경애왕은 견훤의 강요로 자결하고 말았다. 견훤은 경애왕의 이종사촌이었던 김부를 왕으로 내세워 임시로 나라의 일을 맡아 다스리게 했으니,

94

그가 바로 신라 56대 경순왕이다.

신라 하대의 왕위는 크게 보면 원성왕(元聖王)의 후손 집단에서 계승되었다. 그러다가 52대 신덕왕(神德王)이 박씨로 왕위에 오른 이후, 경명왕과 경애왕까지 3대에 걸쳐 박씨 왕이 즉위하였다. 그런데 견훤이 경애왕을 죽이고 경순왕을 옹립한 것이다. 이로써 3대 15년에 걸친 박씨 왕권은 단절되고, 신라는 다시 김씨로 복귀하게 되었다.

경순왕은 문성왕의 후손인 김씨 왕족이었고, 동시에 경문왕가인 헌강왕의 외손자이기도 했다. 그리고 아버지 김효종은 신덕왕과 왕위계승을 겨룰 수 있을 정도로 유력한 인물이었으며, 자결한 경애왕과 경순왕은 이종사촌지간이었다. 이처럼 경순왕은 왕실로서의 자격과 정통성을 가지고 있었다. 견훤은 김씨 왕실의 회복을 명분으로 경순왕을 옹립했고, 신라 내부에서도 이에 대한 반발은 없었다. 이렇게 즉위한 경순왕은 927년부터 935년까지 8년간 신라를 다스렸다.

930년(경순왕)에 고창군(古昌郡, 안동) 병산(瓶山)에서 후백제와 고려가 맞붙어 고려가 승리하였다. 이때부터 고려가 우위에 서게 되었고, 후백제는 큰 타격을 입어 서서히 붕괴되고 있었다. 견훤은 장남 신검(神劍)에 의해 금산사(金山寺)에 유폐되었으나, 그해 6월 견훤이 금산사를 탈출해 고려로 망명하였고, 왕건은 그를 맞아 상보(尙父)라 높여 부르고, 양주(楊州)를 식읍으로 주었다.

경순왕 영정 ⓒ국가유산청

견훤이 적국이었던 고려로 망명하여 존대를 받고 있는 상황도 경순왕의 결정에 영향을 미쳤을 것이다. 경순왕은 고려에 항복하기 위해 신하들과 의논하였다. 찬반이 분분한 가운데 가장 반대가 심한 사람은 태자였다. 그러나 경순왕은 나라의 위태로움이 심하여, 더 이상 죄 없는 백성들을 고생시킬 수 없다며 항복을 결정했고, 왕은 시랑(侍郎) 김봉휴(金封休)에게 국서를 가지고 가서 왕건에게 항복을 청하도록 했다. 그러자 왕자(마의태자)는 울면서 금강산으로 들어갔고, 막내아들은 출가하여 승려가 되었다.

<고려사>에 의하면 11월 28일, 경순왕은 왕건에게 신하가 되겠다는 글을 보냈으나, 처음에는 왕건이 거부했다. 그러자 신하들이

경순왕의 요청을 받아들여야 한다고 간언했고, 왕건이 마지못해 이 의견을 따랐다. 결국 12월에 공식적으로 경순왕의 항복을 받아들 임으로 신라 천년의 역사는 막을 내리게 되었다. 왕건은 이때 경순 왕을 낙랑공주와 혼인시켜 경주의 사심관(事審官)으로 임명해 부 호장(副戶長) 이하를 관리하도록 했다. 이후 경순왕은 왕건의 아홉 째 딸도 부인으로 맞이했다. 경순왕과 낙랑공주 사이에서 태어난 딸은 제5대 경종과 혼인하여 헌숙왕후가 되었다. 975년어 즉위한 경종은 장인인 경순왕에게 상보(尙父)·도성령(都省令)의 직위와 추충순의숭덕수절공신(推忠順義崇德守節功臣)이라는 칭호를 주었 다. 그리고 1만 호의 식읍을 주었다.

경순왕은 937년(태조 20) 5월, 왕건에게 진평왕(眞平王)이 차던 옥대를 바쳤다고 한다. 이 옥대는 하늘이 내린 것(天賜玉帶)으로, 황룡사 9층 탑, 장육존상과 함께 신라의 3보(寶) 중 하나였다. 이 로써 고려는 신라의 정통성을 이어받았다는 상징성을 확보하게 되 었고, 고려에 귀부한 경순왕은 집과 봉록을 받고, 왕건의 딸과 혼인 을 했으며 태자보다 높은 지위를 인정받는 등 많은 우대를 받았다. 그러나 경순왕의 우대는 상징적이고 형식적인 것에 불과했다. 경순 왕이 정치적으로 행사할 수 있는 권력은 경주의 사심관으로서 부호 장 이하의 향직을 관리하는 정도였다.

경순왕릉의 전경 ⓒ김동수

연천에 있는 경순왕릉

경순왕(897~978)은 신라 56대 마지막 왕이며, 비운의 왕이다. 주변의 상황에 의해 왕위에 올랐으나 고려의 왕건에게 항복하여 신라천 년의 역사는 고려에 통합되고, 신라는 멸망하고 말았다.

태조 왕건은 경순왕을 사위로 삼아 사심관으로 임명했고, 고려 최초의 사심관이 된 경순왕은 개경에서 사심관으로서의 삶을 살게 되었다. 말이 좋아 사심관이었지만 사실 볼모나 다름없는 삶이었다. 자기가 다스리던 신라가 경주로 바뀌면서 식읍으로 받아 사심관이 되었던 것이다.

경순왕의 능은 신라 왕릉 중 유일하게 경주가 아닌 경기도 연천에 있다. 경순왕은 고려 경종 3년(978)에 개경에서 81세의 나이로 생을 마감하니, 시호를 경순(敬順)이라 했다. 경순왕이 죽자 경순왕의 시신을 다른 신라왕들이 잠들어 있는 경주로 운구하려고 했는데, 경순왕이 돌아가셨다는 소식을 들은 경주 백성들이 왕의 죽음을 슬퍼하며 동요하기 시작했다고 한다. 그러자 고려조정에서는 왕의 영구(靈柩)가 도성을 기준으로 100리 밖을 넘어갈 수 없다는 조항을 들어 반대했고, 결국 경순왕의 운구행렬은 임진강 바로 앞에서 멈출 수밖에 없었다.

경순왕릉은 현재 경기도 연천군 장남면 고랑포의 언덕에 조성되어 있다. 경순왕릉은 한동안 그 위치를 찾을 수 없다가 1723년(영조 3)에 '경순대왕장지' 라는 글자가 새겨진 지석이 발견되면서 세상에 알려지게 되었다. 1746년(영조 23)에는 경순왕의 '지석'과 '신도비'가 발견되면서 그 능묘와 묘비를 다시 세우게 하였다.

경순왕릉은 곡장(曲墻) 안에 단릉(單陵)의 형식으로 있으며, 낮은 병풍석이 보호석으로 둘러쳐져 있다. 내계(內界)와 외계(外界)로 보이는 능침공간에는 능침 앞에 묘비석이 서 있고, 그 앞에는 혼유석(魂遊石) 형식의 작은 석물이 서 있다. 망주석(望柱石) 한 쌍과 석양 한 쌍이 동⊠서로 있으며, 혼유석 앞에는 사각 장명등(長明燈)이 세워져 있다. 사초지(莎草地)를 내려오면 오른쪽에는 비각이 서 있고, 비각 옆에는 정면 3칸의 재실(齋室)이 위치해 있는 것이 특징이다.

역사를 잊은 민족에게 미래는 없다고 했다. 우리가 경주박물관 대학에서 역사를 배우는 이유는 과거를 보고 안타까워할 것이 아니라 과거를 통해 미래를 다시 설계하고, 준비해 나가는 계기로 삼자는 뜻도 있을 것이다. 경순왕릉을 보고 내려오는 길은 많은 생각을 하게 하는 날이었다.

경순왕릉 앞의 묘비석과 초라한 혼유석 ⓒ김동수

곡장 뒤 잉(坪)에서 바라본 경순왕릉 ⓒ김동수

경순왕을 보내며

경애왕과 이종사촌이었던 경순왕은 견훤에 의해 왕위에 올랐지만, 자결한 경애왕을 보면서 견훤을 견제하고, 신라의 안위를 생각했을 것이다. 고려와의 동맹 관계는 견훤(후백제)으로부터 신라와 백성을 지킬 수 있는 유일한 돌파구였으리라. 왕은 후백제와 고려라는 두 강대국 사이에 끼어 위태롭던 신라를 지키기 위해 고려 왕건과 유대관계를 강화하고, 어떻게 신라를 지킬 수 있을지 숱한 고뇌의 밤을 새웠을 것이다. 그러던 중에 고창전투를 승리로 이끈 고려를 보며 백성을 위해 나라를 왕건(王建)에게 바칠 결심을 하지 않았을까? 나의 좁은 소견으로 생각해 볼 때, 경순왕은 끝까지 싸워 쇠퇴한 신라를 지키는 것보다 백성을 구하는 것이 신라를 지키는 것이라 믿었을 것이다.

사초지 아래서 바라본 경순왕릉과 그 아래 비각 ©김동수

<삼국사기> 경순왕 조에 신하들과 항복을 논하는 부분이 있다. 그때 왕자(훗날 마의태자)는 '나라의 명운이 하늘에 달렸으니 천년 사직을 경솔히 결정하지 말고, 함께 민심을 수습하다가 힘이 다해 멸망하는 것은 어쩔 수 없지 않느냐'며 부왕의 결정을 말리는 장면이 있다. 이때 경순왕은 "고립되고 위태로운 상황에서 나라를 보전할 수 없고, 무고한 백성을 참혹하게 죽게 하는 것은 차마 할 수 없다"고 토로한다. 이 부분을 읽을 때 경순왕의 참담한 심정이 조금은 짐작이 갔다.

경순왕과 경순왕릉을 돌아보며 많은 생각을 다시 하게 된다. 역사는 늘 반복된다고 하지 않는가? 현재를 살아가는 우리의 삶도 녹록지 않을 때가 많다. 그러나 그 시대를 살아간 선조들을 보며 그들에게서 인내와 지혜를 배우는 그런 시간이 되어서 좋았다.

2장. 사찰의 숨결, 고요한 빛을 만나다

신라는 삼국 가운데 가장 늦은 법흥왕(527) 때에 이르러서야 이 차돈의 순교로 불교를 받아들이게 되었다. 함께 성장하던 고구려는 소수림왕(372)이 불교를 공인했고, 백제도 침류왕(384) 때에 불교가 공인되었다. 물론 신라에도 그 비슷한 시기에 고구려로부터 불교가 전래 되었으나 당시 신라의 귀족들은 불교 공인을 완강히 거부했다. 결국 오랜 시간을 민간 신앙과 토착 신앙이 백성들을 지배해 오다가 법흥왕 대에 이르러 국교로 공인되기에 이르렀다.

불교가 국교로 공인된 뒤 신라의 불교는 비약적인 발전을 하게 된 것 같다. 위로부터의 불교 공인은 백성들 속에 더 쉽게 파고드는 법이었다. 국가가 위기에 처했을 때는 불교의 힘으로 국난을 극복하려고 했고, 삼국통일의 기반을 닦은 화랑도들의 정신수양에도 불교의 역할이 컸다.

거기다 대중불교를 이끌었던 원효대사의 역할은 어려웠던 불교 경전을 익히지 않아도 백성들이 불자가 되는데 큰 역할을 했으며, 외세의 침략과 삼국통일의 위업을 이루는데도 불교가 끼친 영향은 컸다는 것을 우리는 기록을 통해 익히 알고 있다.

경주 남산에서는 지금도 불사지(佛寺址)를 쉽게 볼 수 있고, 여기 저기 흩어져 누운 불상은 이루 셀 수 없이 많다. 그래서 흔히 신라를 불국토(佛國土), 즉 부처의 나라라고 하지 않는가? 2000년 12월, 경주 지역이 세계유네스코 문화유적지구로 등재될 때 세계유산 위원들은 경주 남산을 야외불교 박물관이라고 놀라워했다는 일화는 신라의 불교 위상을 말해주는 것이라 생각한다.

이 장에서는 신라를 넘어 세계를 대표하는 불국사(양홍숙), 이차돈의 순교 정신이 깃든 백률사(홍수환), 자장율사의 불심이 담긴 통도사(김서현), 진평왕 때 지명 법사가 관세음으로부터 받은 보경(寶鏡)을 묻었다는 보경사(이명희) 이야기를 들려준다. 이어서 선덕여왕을 닮은 분황사(김규광), 성덕왕 때 김지성이 국왕과 부모의 안녕을 기원하기 위해 지은 감산사(남재철), 국보를 넘어 세계문화유산이 된 석굴암(김동수) 순으로 이야기를 이어간다. 이제 부처의 나라, 불국토에서 지혜와 삶의 가치를 찾아볼 준비가 되었다.

01. 불국사(佛國寺) – 인간이 세운 이상향

양홍숙

토박이의 시선으로 본 **불국사**

가을의 문턱에서, 불국사로 발걸음을 옮겨본다. 오랜 시간 무수히 오고 가며. 어떤 날은 지친 마음을 이끌고 이 길을 찾았고, 어떤 날은 기쁜 소식을 안고 가벼운 발걸음으로 걸었다. 이 길은 내 삶의 희로애락을 모두 지켜보았고, 묵묵히 나를 위로해 주었던 길이다.

경주 토박이로 살아왔고, 3, 40대의 젊음과 열정을 불국사 아래에서 수학여행 온 학생들에게 숙식을 제공하며, 초등학생들의 순수하고 호기심 가득한 눈빛에 불국사 방문의 추억을 심어주며 바쁘게 살아온 세월이었다.

불국사는 내게 단순한 문화유산이 아니다. 어린 시절의 순수한 동심이 깃든 소풍지였고, 학창 시절을 함께한 교과서 속 지식이자, 중년의 삶을 지탱해 준 내 마음의 성지(聖地)였다.

불국사 일주문 앞 세계유산 표지석 ⓒ양흥숙

2023년 경주 박물관대학에 입학하면서 불국사에 대한 이해를 달리하게 되었다. 늘 보던 풍경 속에서 보이지 않던 것들이 비로소 눈에 들어오기 시작했다. 신라 경덕왕 10년(서기 751년), 당시 재상이었던 김대성이 현세의 부모를 위해 불국사를, 전생의 부모를 위해 석굴암을 창건했다는 이야기는 익히 들어왔지만, 1995년 12월 석굴암과 함께 불국사가 세계문화유산에 등재된 이후에는 더욱 많은 사람들이 찾는 곳이 되었다. 이제 불국사는 우리 문화유산을 넘어 세계인의 유산이 되었다. 겉으로 보기엔 자연 지형을 활용한 듯 보이지만, 사실은 경사지를 인공적으로 깎고 다듬어 평지를 만든 뒤 축조된 치밀한 계획도시와 같은 절이라는 불국사의 진면목은 알면 알수록 경이로움 그 자체다.

익숙한 불국사 가는 길

불국사에 이르는 길은 집 앞마당 만큼이나 내게는 익숙한 곳이다. 나는 이 길 위에서 불국사의 사계절을 누구보다 가까이서 지켜봤다.

봄이면 흐드러지게 피어나는 벚꽃이 길을 환하게 물들이고, 여름이면 짙푸른 녹음이 드리워져 서늘한 그늘을 선사했다. 가을이면 온 산이 붉고 노랗게 물드는 단풍으로 절정을 이루어 오가는 이들의 탄성을 자아냈고, 겨울이면 하얀 설경 속에서 고요하고 신비로운 모습을 뽐냈다.

특히 가을날 아름답게 물든 단풍은 나의 지친 마음을 어루만져 주었다. 그런 날이면 고즈넉한 숲길을 걸으며 문득 내 인생의 길목들을 되짚어 보기도 한다. 때로는 험난했고, 때로는 기쁨으로 가득했던 순간들이 주마등처럼 스쳐 지나갔다.

불국사 입구에 다다르면 거대한 담장 너머로 고색창연한 기와지붕들이 빼꼼히 모습을 드러내며 '어서 와, 오랜 만이지?' 하고 마치 나에게 말을 거는 것 같다. 이 평화로운 풍경 뒤에는 지난 세월 쉼 없이 달려온 나의 고단한 일상이 또 하나의 그림처럼 겹쳐지기도 한다.

안양문 앞에서 본 연화교와 칠보교 ⓒ양흥숙

연꽃과 일곱 보물로 엮은 꿈의 다리

불국사로 들어설 때면 내가 제일 좋아했었고, 나의 발걸음을 멈추게 한곳이 있다. 불국사의 서쪽 극락전으로 향하는 길목에 정갈함과 섬세함이 깃든 석조 계단을 마주하게 된다. 바로 국보 제22호 연화교와 칠보교이다.

동쪽의 청운교 백운교가 장엄한 '깨달음의 세계'로 이끌었다면 이 두 다리는 자비로운 아미타불의 세계 '극락정토(極樂淨土)'의 입구를 은유하고 있다. 다리 아래 석축을 올려다보면 45도에 가까운 가파른 경사가 세속과 피안의 간극을 상징하는 듯하다. 연화교(10단)을 시작으로 위쪽의 칠보교(8단)까지 총 18단으로 이루어진 돌계단은 단순한 통로가 아니라, 불교 속 극락세계의 모습을 건축으로 구현한 조형 예술이다. 특히 연화교에 새겨진 연꽃잎 문양은 진흙 속에서도 깨끗한 꽃을 피우는 불교의 상징이며, 이 길을 오르는 모든 중생이 그 깨끗한 경지에 이르기를 바라는 간절한 염원이 돌에 새겨진 것이다.

칠보교는 아미타경(阿彌陀經)에 나오는 칠보(金, 銀 등 일곱 가지 귀한 보물)로 장식된 다리로 극락의 문인 안양문(安養門)에 닿게 된다. 안양(安養)이란 아미타불이 계신 극락세계를 의미한다. 동쪽의 자하문(紫霞門)이 붉은 안개가 서린 듯 장엄한 대비를 이룬다면, 서쪽의 안양문은 연꽃과 보석이 깔린 길을 지나 도달하는 자비의 공간을 의미한다.

청운교 백운교에 비해 한층 작고 섬세하며 조형미의 조화와 변화를 보여준다. 통일신라 건축가들은 이렇게 크고 작은 두쌍의 다리를 통해 불국사라는 장엄한 공간 안에 '이상(理想)'과 '자비(慈悲)'라는 두 개의 문을 만들었다. 오늘날 우리는 아쉽게도 보존을 위해 이 계단을 직접 밟아 오를 수는 없지만, 다리 앞에 서서 천 년 전 신라인들의 깊은 신심과 정교한 예술혼이 빚어낸 이 걸작을 바라보는 것만으로도, 마치 연꽃 위에 발을 딛고 극락으로 나아가는 듯한 경건한 감동을 느낄 수 있다.

청운교 백운교를 오르다
다음으로 나를 압도하는 것은 불국사의 상징과도 같은 청운교와 백운교였다. 불국사의 신성한 예배공간인 대웅전과 극락전을 오르는 길은 동쪽으로는 청운교와 백운교가, 서쪽에는 연화교와 칠보교가 받치고 있다. 청운교와 백운교는 대웅전 영역으로 향하는 자하문(紫霞門)으로 이어지는 33개의 돌계단이 받치고 있는데, 단순히 경사면에 놓인 계단이 아니라 그 아래에 반원형인 홍예(虹霓, 아치)를 얹어 다리 형태로 만든 독특한 구조다.

백운교와 청운교를 받치고 있는 돌계단은 속세와 부처님의 세계, 즉 이상적인 불국토를 연결하는 무지개다리를 형상화한 것이다. 불교에서 깨달음에 이르는 수미산의 정상에 위치하는 도리천을 상징하며, 이 다리를 오르는 행위 자체가 수행의 과정이었던 셈이다. 청운교를 푸른 청년의 모습으로, 백운교를 흰머리 노인의 모습으로 빗대어 놓아 우리네 인생을 상징하기도 한다. 지금은 청운교와 백운교 아래가 흙으로 덮여있지만, 원래는 석축 아래쪽으로 연못이 있었다고 전해지며 지금도 계단 왼쪽에 물이 떨어지도록 만들어 놓은 장치가 남아있다. 이곳에서 물이 떨어지면 폭포처럼 부서지는 무지개가 떴다고 전하고 있다. 언젠가는 원형대로 복원이 된 아름답고 신비로운 불국사를 그려보게 만드는 곳이기도 하다.

자하문 계단을 오르는 상상을 하면 나는 지난 세월의 무게를 내려놓고 새로운 마음으로 불국토에 들어서는 듯한 신성한 기분을 느꼈다. 어릴 적에는 그저 높고 웅장한 계단이라고만 생각했지만, 이제는 이 다리들이 지닌 상징적인 의미, 즉 깨달음을 향해 한 걸음씩 나아가는 삶의 여정을 헤아리게 되었다.

자하문 앞에 서다 ⓒ양흥숙

삶은 이 계단처럼 때로는 가파르고, 때로는 완만하게 이어지며 결국은 불국토와 같은 평온함에 다다른다. 특히 이 계단을 받치는 돌기둥들과 하부 석축을 지탱하는 돌이 얼마나 견고한지 볼 때마다 천년 넘게 불국사를 지켜온 신라 건축 예술의 경이로움을 새삼 느끼곤 했다. 이 석물은 통일신라 경덕왕 10년(751)에 세워진 것으로, 당시 건축물 가운데 유일하게 완전한 형태로 남아있는 매우 귀중한 유물이다. 또한 다리의 각 석재들이 서로 맞물려 빈틈없이 조립된 모습은 현대의 기술로도 감탄할 만한 수준이다. 돌출된 돌을 본 초등학생의 질문으로 지금까지 수많은 지진에도 무너지지 않은 신라 석공의 과학적인 건축법이 밝혀지기도 했다.

우뚝 선 다보탑과 석가탑

청운교와 백운교를 지나 넓은 대웅전 앞마당에 들어서면 국보인 다보탑과 석가탑을 만나게 된다. 이 두 탑은 천년 고도 경주의 자랑이다. 불국사 삼층석탑은 국보 제20호(다보탑)와 국보 제21호(석가탑)로 대한민국의 대표적인 석탑이며, 높이도 10.29m, 10.75m로 비슷하다. 절 내의 대웅전과 자하문 사이의 뜰 동·서쪽에 마주 보고 서 있는데, 동쪽 탑이 다보탑이다.

다보탑은 특수형 탑을, 석가탑은 대한민국 일반형 석탑을 대표한다고 할 수 있다. 두 탑을 같은 위치에 세운 이유는 '과거의 부처'인 다보불이 '현재의 부처인 석가여래가 설법할 때 옆에서 옳다고 증명한다는 법화경의 내용을 눈으로 직접 볼 수 있게 탑으로 구현하고자 하기 위함이자, 동반자였기 때문이다. 두 탑은 확연히 다른 모습으로 각자의 아름다움을 뽐내고 있었지만, 함께 서 있음으로써 완벽한 조화를 이루고 있었다.

불국사 석가탑과 다보탑 ©양흥숙

　다보탑은 그야말로 '화려함의 극치'라 불릴 만하다. 정교하고
섬세한 조각과 독특한 형태가 특징인데, 마치 여러 개의 작은 탑들
이 모여 하나의 큰 탑을 이루는 듯하다. 화강암을 나무나 벽돌처럼
섬세하게 조각하여 조립한 이형 석탑으로, 사방으로 뻗은 네 개의
계단, 그 위에 앉아 있는 네 마리의 돌사자(지금은 일제 강점기 약
탈로 하나만 남음), 그리고 옥개석마다 놓인 연꽃무늬 장식 등 어
느 한 곳 시선을 두지 않을 수 없었다. 이 탑은 '다보여래(多寶如
來)'를 상징하며, 『법화경』에서 석가여래의 설법을 증명하기
위해 솟아난 다보여래의 모습을 표현한 것이라고 한다. 그 화려한

자태는 세월의 흔적을 고스란히 간직한 채 인고의 시간을 견뎌온 어머니의 모습 같다는 생각이 들었다. 겉으로 보아도 아주 부드러운 곡선으로 이루어져 있다.

그 옆에 있는 석가탑은 다보탑과는 대조적으로 간결하면서도 굳건한 위용을 자랑한다. 흔히 '무영탑(無影塔)'이라고도 불리는데, 여기에는 애틋한 아사달과 아사녀의 슬픈 전설이 깃들어 있다. 신라 김대성 재상이 탑을 세울 때, 백제 기술자인 아사달을 불러 석가탑을 만들게 했는데, 그의 아내 아사녀가 남편을 찾아 경주에 왔다가 석가탑이 완성될 때까지 연못에 탑 그림자가 비치지 않는다는 말을 듣고 하염없이 기다리다 죽음을 맞이했다는 슬픈 이야기이다. 단순한 3층 석탑 양식이지만, 그 완벽한 비례미와 견고함은 통일신라 시대 석탑 양식의 전형이자 정수를 보여준다. 이 탑은 '석가여래(釋迦如來)'를 상징하며, 현재의 부처님을 나타낸다. 다보탑의 화려함 옆에서도 흔들림 없이 그 자리를 지키는 모습은 어떤 시련에도 굴하지 않는 아버지의 듬직한 모습 같다는 느낌을 받았다. 이 두 탑이 과거와 현재의 부처님을 상징한다는 설명을 수없이 들었지만, 이제는 삶의 과거와 현재, 그리고 미래가 모두 어우러져 있는 듯한 깊은 감동으로 다가왔다. 탑 주변을 거닐며 과거의 장인들이 얼마나 정성을 다해 이 걸작을 만들었을지 상상하니, 한 땀 한 땀 자수를 놓듯 정교하게 돌을 다듬었을 장인의 인고(忍苦)의 시간이 느껴져 가슴이 먹먹해졌다.

탑 속에 봉인된 천년의 빛

석가탑에서는 또 하나의 국보(제126호)인 사리장엄구(舍利莊嚴

具)에 대한 이야기를 빼놓을 수 없다. 사리장엄구는 1966년 석가탑 해체보수 과정에서 2층 탑신(塔身) 내부의 사리공(舍利孔)에서 발견되었다. 부처님의 진신사리를 모시고 장엄하게 꾸미기 위해 제작된 일련의 공예품이다. 정교하게 제작된 금동제 외함(外函)과 내함(內函), 그리고 영롱한 녹색 유리로 만든 사리병을 중심으로 구성되어 있다. 한겹 한겹 정성스레 사리를 봉안한 신라인들의 마음은, 사리를 세상의 가장 귀한 보물로 대우하며 불멸의 진리를 염원했던 당시의 지극한 신앙심을 대신한다. 그리고 그 안에 고이 간직되어 있던 작은 두루마리 '무구정광대다라니경(無垢淨光大陀羅尼經)'이라는 세계 최고(最古)의 목판 인쇄물은 신라인들이 탑을 세울 당시 이미 세계 최고 수준의 인쇄 기술을 보유하고 있었음을 보여주는 기념비적인 증거가 되었다.

또한 불국사 사리장엄구는 단순히 아름다운 공예품을 넘어 통일신라의 과학적 역량(인쇄술), 예술적 감각(금속공예), 그리고 정신적 깊이(불교신앙)가 최고조로 결합 된 문화유산이다. 탑 속에 고이 잠들어 있던 이 보물들은, 천 년을 뛰어넘어 우리에게 신라 황금기의 찬란한 빛과 영원불멸의 진리를 향한 인간의 간절한 염원을 생생하게 전달하고 있다, 이 장엄구는 오늘날까지도 한국 문화의 자부심이자, 우리 선조들이 남긴 빛나는 지혜의 기록으로 남아있다.

대웅전과 극락전 앞에서
이어 대웅전과 극락전(極樂殿), 비로전(毘盧殿)을 차례로 둘러보았다. 불국사는 황금빛 지혜를 품은 금동불상의 정수를 보여준다.

건물에 머무르지 않고 부처님의 형상인 금동불상으로 이어진다. 비로전에 모셔진 '금동 비로자나불좌상(국보 제26호)'은 오른손 검지를 왼손으로 감싼 지권인(智拳印)을 취하고 있어, 온 우주에 가득 찬 진리의 빛인 비로자나불을 상징한다. 엄숙하면서도 자비로운 표정과 사실적인 신체 표현이 돋보이는 통일신라 불상의 최고 걸작 중의 하나이다. 그리고 특히 극락전에 모셔진 금동아미타여래좌상(국보 제27호)의 온화한 미소와 자비로운 모습에 절로 마음이 평화로워지는 기분이었다. 두 아이를 키우며 때로는 버겁고 힘겨웠던 순간들도 있었지만, 아미타불의 자애로운 미소는 내 안의 모든 시름을 씻어내고 다시금 따뜻한 희망을 품게 하는 듯했다.

불국사 대웅전 ⓒ양홍숙

그리고 극락전 앞마당에 자리한 '구품연지(九品蓮池)'에 대한 이야기는 그 존재 자체로 또 다른 깊은 울림을 주었다. 비록 지금은 그 터만 남아있지만, 예전에는 아홉 가지 연꽃을 피워 극락세계의 아홉 단계(구품)를 상징했던 아름다운 연못이었다는 설명을 들었다. 불교에서 연꽃이 피는 것은 깨달음과 정화를 의미하며, 이 연못을 통해 서방정토에 이르는 이상적인 과정을 시각적으로 보여주려 했다는 것을 생각하니, 신라인들의 불심과 예술혼이 얼마나 섬세했는지 다시금 깨닫게 된다. 물 위에 뜬 연꽃을 보며 각자의 소망을 빌었을 옛사람들의 모습이 눈앞에 그려지는 듯했다. 1973년도 연못의 위치는 확인되어 복원하려 하였으나 당시 수학여행과 신혼여행 등으로 밀려드는 관광객을 수용할 수 있는 공간이 백운

교 앞이라 동선에 방해가 된다는 이유로 불교를 상징하는 구품연
지가 사라졌다는 이야기도 있다.

 이 극락전에는 또 하나의 흥미로운 이야기가 전해져 내려온다. 바
로 현판 뒤에 숨겨진 멧돼지 이야기이다. 2007년 극락전 현판을
보수하는 과정에서 현판 뒤쪽에 멧돼지 조각이 발견되었다. 이 돼
지가 복을 가져다준다는 믿음이 생겨 많은 이들이 극락전을 찾자
극락전 앞에 황금돼지 상을 세웠고, 사람들은 이 황금돼지 상 앞에
서 소원을 빌곤 한다. 숙소를 찾은 어르신들이나 아이들이 현판 뒤
멧돼지를 찾아 불국사 곳곳을 누비던 모습이 눈에 선하다.

불국사 극락전 ⓒ양흥숙

　나는 불국사가 단순히 유서 깊은 곳이어서가 아니라, 이렇게 살
아있는 이야기와 소박한 염원이 깃든 곳이기에 더욱 정이 간다. 불
국사 경내를 천천히 걸으며 고즈넉한 분위기 속에서 복잡했던 마
음이 차분해지는 경험은 마치 오랫동안 묵혀두었던 체증이 내려
가는 듯 시원했다. 이 공간은 비단 관광객들에게만 평화를 주는 것
이 아니라, 늘 가까이서 보아온 나에게도 삶의 고단함을 잊게 하는
안식처였다. 수년간 지켜본 불국사는 해가 뜨고 지는 시간에 따라,
날씨에 따라, 계절에 따라 매번 다른 색깔과 분위기를 자아냈고,
그 모든 모습이 나에게는 위로이자 삶의 일부였다. 일을 마치고 저

녁 무렵 불국사 경내를 홀로 거닐 때면, 낮의 소란함은 사라지고 오직 바람 소리와 풀벌레 소리만이 가득했다. 그 고요함 속에서 나는 내일의 고된 일상을 버텨낼 힘을 얻곤 했다.

불국사 곳곳에 숨 쉬는 섬세한 처마의 곡선, 단청의 오색 빛깔, 그리고 돌 하나하나에 새겨진 무늬들을 자세히 살펴보며 신라 시대 사람들의 뛰어난 미적 감각과 장인 정신에 다시금 감탄했다. 이 모든 것이 단순히 멋을 위한 것이 아니라, 불교적 우주관과 자연과의 조화를 염원하는 깊은 철학에서 비롯되었다는 것을 깨달으니, 불국사가 단순한 건축물이 아닌 살아있는 깨달음의 공간으로 다가왔다. 특히 불국사를 창건한 김대성의 효심이 얼마나 지극한 것이었을까를 다시금 생각해 보게 되었다. 그의 전생과 현생을 아우르는 지극한 효심이 이 거대한 불국토를 일구는 원동력이 되었으리라. 1995년 유네스코 세계유산으로 등재된 불국사는 단순히 과거의 유물이 아니라, 현재에도 끊임없이 변화하고 후대에 그 가치를 전하기 위해 보존되는 살아있는 유산이다.

다시 불국사 앞에서 ⓒ양홍숙

불국사여, 영원하라

 불국사를 돌아 나오면서, 나의 마음은 숙연함과 동시에 깊은 평온함으로 가득 찼다. 불국사는 내게 단순히 옛 건축물을 보여준 것이 아니라, 세월의 흐름 속에서도 변치 않는 가치와 아름다움이 존재한다는 것을 가르쳐주었다. 특히 중년의 나이에 느끼는 삶의 희로애락 속에서, 불국사가 전해주는 위로와 지혜는 앞으로 남은 인생을 더욱 단단하고 현명하게 살아갈 용기를 주었다. 불국사는 단순한 절이 아니라 살아있는 역사 교과서이자, 우리 민족의 정신이 깃든 소중한 문화유산이며, 동시에 내 삶의 여정 속에서 지난 세월을 돌아보고 재충전할 수 있는 안식처와도 같다.

경주 토박이로서, 불국사 아래에서 터전을 일군 사람으로서, 그 시절의 고단함과 보람, 불국사 덕분에 우리 가족이 행복하게 생활할 수 있었다는 깊은 감사의 마음이 생겨났다.

경주 박물관대학에서 맺은 선생님들과의 소중한 인연과 배움을 통해 불국사의 진정한 가치를 깨달은 지금, 불국사가 내 삶에 어떤 의미였는지를 되새기며, 앞으로도 이러한 우리의 소중한 유산을 아끼고 보존하는 데 적극적으로 관심을 가져야겠다는 다짐을 해 본다. 이 위대한 문화유산이 앞으로도 영원히 빛나기를 간절히 바란다.

02. 백률사(栢栗寺) – 의상대사의 숨결이 깃든 절

홍수환

백률사 이야기

경주 백률사는 대한민국 경상북도 경주시 북쪽 소금강산(또는 금강산, 북망산) 중턱에 자리 잡은 고찰로, 먼저 입구에 들어서면 굴불사지와 굴불사지 석조사면마애불상이 먼저 대면한다.

백률사 입구 굴불사지 석조사면마애불상 ⓒ홍수환

백률사는 신라 불교의 공인과 확산 과정에서 중요한 역할을 한 사찰이다. 이곳은 신라 법흥왕 시대(6세기 초) 이차돈의 순교 사건과 밀접하게 연관되어 있으며, 신라 불교의 상징적 성지로 평가된다. 원래 이름은 '자추사(刺楸寺)'였으나, 이후 '백률사(栢栗寺)'로 불리게 되었으며, 이는 소금강산의 지명에서 유래한 것으로 보인다. 현재는 불국사의 말사로 소규모 사찰로 유지되고 있지만, 그 역사적·문화적 가치는 한국 불교사에서 독보적이다.

124

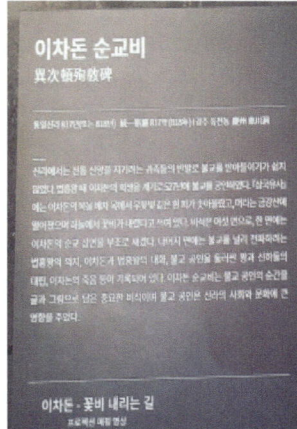

경주박물관 신라관에 있는 이차돈 순교비 해설과 앞, 뒷면 ⓒ홍수
환

백률사의 창건은 신라 불교의 공식적 수용과 밀접하게 연결된다.
<삼국유사(十三國遺事)>에 따르면, 신라 법흥왕 14년(527년)
에 이차돈(伊差頓, 또는 異次頓)은 불교를 국교로 삼기 위해 목숨
을 바쳤다. 당시 신라는 귀족 중심의 토착 신앙이 강하게 자리 잡
고 있어 불교 도입에 대한 반발이 심했다. 이차돈은 불고의 가치
를 알리기 위해 스스로 '승려'라 칭하며 처형을 자청했다. 삼국
유사에 기록된 바에 따르면, 이차돈의 목을 자르자 하늘에서는 꽃
비가 내렸고, 그의 목에서는 피 대신 흰 우유가 솟았다(白乳湧出).
이는 기적으로 여겨졌다. 이 사건은 신라 조정과 백성들에게 충격
을 주었으며, 법흥왕은 이를 계기로 불교를 공인했다. 이차돈의 순
교는 한국 불교사에서 결정적 전환점으로, 백률사는 이 사건의 상
징적 장소로 자리 잡았다.

백률사 대웅전 아마타불 / 관세음보살 / 대세지보살 ⓒ홍수환

이차돈의 잘린 목이 소금강산까지 날아가 떨어진 자리에 자추사가 세워졌다는 전설이 전해진다. 삼국유사 효소왕 2년(693년) 기록에는 백률사(당시 자추사)에 대비관음상(對鼻觀音像)이 있었으며, 왕이 이곳에서 부례랑의 무사 귀환을 기도했다는 내용이 나온다. 이는 백률사가 초기부터 관음보살 신앙의 중심지였음을 시사한다. 창건 연대는 명확하지 않으나, 이차돈의 순교(527년)를 기준으로 6세기 초반으로 추정되며, 일부 학자들은 자추사가 백률사의 전신이라는 점에서 사찰의 기원이 6세기 초로 거슬러 올라간다고 보는 것이다.

백률사는 신라 불교의 확산과 함께 중요한 도량으로 자리 잡았다. 삼국유사에 따르면, 신라 경덕왕(742~765) 시기에는 왕실이 백률사를 방문해 불교 의식을 행했으며, 이는 사찰이 왕실과 밀접한 관계를 가졌음을 보여준다. 특히, 신라의 화엄종 대가인 의상대사(625~702)가 당나라에서 수학 후 귀국(671년)하여 백률사를 모델로 동남산에 화엄종 사찰을 세웠다는 기록은 백률사의 학문적·종교적 위상을 드러낸다. 화엄종은 불교 교리의 체계적 정립을 목표로 했으며, 백률사는 이러한 학문적 전통의 중심지로 기능했다.

헌덕왕 9년(817년)에는 이차돈의 순교를 기리기 위해 석당(石幢)이 세워졌다. 이 석당은 현재 국립경주박물관에 보관된 '이차돈 순교비'로 알려져 있으며, 6면체 석비에 이차돈의 순교 장면이 새겨져 있다. 그러나 마모가 심해 정확한 해독은 어렵다. 이 비는 백률사의 역사적 가치를 증명하는 중요한 유물로, 신라 불교의 공인 과정을 상징한다.

고려 시대에도 백률사는 불교 사찰로서의 위상을 유지했다. 고려는 불교를 국교로 삼아 사찰에 대한 지원이 활발했으며, 백률사 역시 왕실의 후원을 받았다. 그러나 조선 시대에 들어서면서 불교 억압 정책으로 사세가 점차 쇠퇴했다. 1412년(조선 태종 12) 기록에 따르면, 백률사의 대비관음상이 개경사로 이안(移安)되었다는 내용이 등장한다. 이는 사찰의 주요 유물이 다른 곳으로 옮겨지며 백률사의 위상이 약화 되었음을 보여주는 예이다.

그 이후 임진왜란(1592~1598)으로 백률사는 큰 피해를 입었다. 전쟁 중 사찰이 소실되었으며, 이후 재건되었으나 예전의 규모를 회복하지 못했다. 조선 후기에는 불국사의 말사(末寺)로 편입되어 소규모 사찰로 운영되었다. 일제 강점기에는 백률사의 주요 유물인 금동 약사여래입상이 1930년 국립경주박물관으로 이전되었으며, 이는 사찰의 문화재 보존 문제를 부각시켰다.

2019년, 백률사 인근에서 이차돈의 무덤과 사당으로 추정되는 유적이 발굴되었다. 이는 사찰의 역사적 중요성을 재조명하는 계기가 되었으며, 학계에서는 이 유적이 이차돈 순교 사건과 직접적 연관이 있는지 추가 연구가 진행 중이다. 현재 백률사는 경주 역사유적지구의 일환으로 관광객과 연구자들에게 개방되어 있으며, 유네스코 세계유산(경주 역사 지구)과 연계되어 그 가치를 인정받고 있다.

주요 유물과 예술적 가치

신라 백률사의 대표 유물은 국보 제28호로 지정된 '경주 백률사 금동약사여래입상'이다. 이 불상은 높이 1.77m로, 서 있는 약사여래를 형상화한 작품이다. 약사여래는 모든 중생의 질병을 치유하고 고통을 덜어주는 부처로, 통일신라 시대(8세기 후반~9세기 초)에 제작된 것으로 추정된다. 당시 신라는 남북국(신라와 발해) 시대의 전쟁과 흉작으로 질병이 만연했으며, 약사여래 신앙이 크게 유행했다.

이 불상은 대좌와 광배가 없으나, 통일신라 불상의 전형적 특징을 잘 보여준다. 넓적한 얼굴, 둥근 이마, 긴 눈썹, 부드러운 미소, 그리고 U자형 천의 주름은 신라 조각의 세련된 미감을 드러낸다. 오른손은 손바닥을 드러내며 위로 들려 있고, 왼손은 약그릇이나 구슬을 쥔 것으로 보인다. 전체적으로 평화롭고 위엄 있는 인상을 주며, 신체 비례와 주름의 세밀한 표현은 통일신라 조형미의 정수를 보여준다.

이 불상은 경주 불국사의 금동비로자나불좌상, 금동아미타여래좌상과 함께 '신라 3대 금동불'로 불리며, 한국 불교 미술의 걸작으로 평가된다. 1930년 국립경주박물관으로 이전된 후에도 백률사의 상징으로 남아있으며, 현대적으로는 불교 미술 연구의 핵심 자료로 활용된다.

헌덕왕 9년(817년)에 세워진 것으로 추정되는 이차돈 순교비는 백률사의 또 다른 중요한 유물이다. 6면체 석비로, 이차돈의 순교 장면이 새겨져 있으나 마모로 인해 세부 내용은 해독이 어렵다. 이 비는 1910년대 초 백률사 인근 숲에서 발견되었으며, 현재 국립경주박물관에 보관 중이다. 일부에서는 이 비가 백률사 소유라고 주장하지만, 삼국유사나 삼국사기에 명확한 근거가 부족해 학술적 논란이 있다. 자추사와 백률사를 동일시하는 언어학적 해석(백률=자추)에 기반한 추측이 주를 이루며, 이는 사찰의 역사적 내러티브를 이해하는 데 주의가 필요하다. 백률사 대웅전 앞 바위벽에 새겨진 석탑 조각은 신라 시대의 건축 기술을 보여준다.

국보 제28호 백률사금동약사여래입상(栢栗寺金銅藥師如來立像)

ⓒ경주박물관

민간신앙과 설화

삼국유사 효소왕 2년 기록에 등장하는 대비관음상은 백률사의 또
다른 전설적 요소다. 이 목조관음상은 왕실의 재난을 막아주는 영
험한 존재로 여겨졌다. 예를 들어, 왕비의 안위를 지켰다는 이야기
나 부례랑의 무사 귀환을 위한 기도 장소로 활용된 사례는 백률사
가 민간 신앙의 중심지였음을 보여준다. 이러한 설화는 불교가 신
라 사회 전반에 깊이 뿌리내린 증거로, 조선 시대까지 이어졌다.
백률사와 이차돈 순교비의 직접적 연관성에 대한 오해가 존재한다. 일부 전통적 내러티브는 순교비가 백률사 경내에서 발견되었다고 주장하지만, 일본 학자 이마니시 류조차 명확한 근거를 찾지 못했다. 또한, 자추사와 백률사의 동일성에 대한 언어학적 해석은 학계에서 논쟁의 여지가 있다. 이는 사찰의 역사적 사실을 왜곡할 가능성이 있으므로, 신중한 접근이 필요하다.

종교적 · 문화적 가치의 중요성

백률사는 이차돈의 순교로 시작된 신라 불교의 상징적 성지다. 신라 불교의 공인은 단순한 종교적 사건을 넘어, 국가 통합과 문화 발전의 기폭제였다. 백률사는 이 과정의 중심에 있었으며, 신라 불국토(佛國土)의 상징으로 자리 잡았다. 경주는 불국사, 석굴암 등 수많은 불교 유적을 보유하고 있지만, 백률사는 불교 도입의 '시작점'으로서 독특한 위치를 차지한다.

의상대사가 백률사를 모델로 화엄종 사찰을 세웠다는 점에서, 백률사는 불교 교리의 체계적 전파와 학문적 기반을 제공한 도량으로 평가된다. 화엄종은 불교 철학의 심오한 체계를 다루며, 신라의 지적 · 종교적 발전에 기여했다. 백률사의 학문적 역할은 신라 불교가 단순한 신앙을 넘어 학문적 · 철학적 전통으로 확장되었음을 보여준다.

백률사는 경주 역사 유적지구의 일환으로 유네스코 세계유산에 포함되어 있다. 소금강산의 자연과 어우러진 사찰의 위치는 명상과 역사 탐방의 장소로 적합하며, 매년 수많은 방문객이 찾는다. 금동약사여래입상과 이차돈 순교비는 한국 불교 미술과 역사 연구의 핵심 자료로, 학술적 · 교육적 가치를 지닌다. 2014년 순교비의 보물 지정 예고는 이러한 유산 보존의 중요성을 강조한다. 그러나 아직까지도 보물로 지정되지는 않고 있다.

현대에 백률사는 불교 신앙의 장소이자 관광 자원으로 기능을 한다. 소규모 사찰임에도 불구하고, 이차돈의 정신을 기리는 공간으로서 방문객들에게 감동을 준다.

경주 백률사는 신라 불교의 공인과 확산 과정에서 핵심적 역할을 한 사찰로, 이차돈의 순교와 화엄학의 전파, 그리고 통일신라의 예술적 성취를 상징한다. 금동 약사여래입상과 이차돈 순교비는 사찰의 역사적·예술적 가치를 증명하며, 유네스코 세계유산으로서의 위상은 그 문화적 중요성을 강조한다. 비록 현대에는 소규모 사찰로 유지되지만, 백률사는 신라 불교의 기원지이자 한국 불교사의 살아있는 증거로 평가된다. 이차돈의 희생, 대비관음상의 영험담, 그리고 소금강산의 자연은 백률사를 단순한 사찰 이상의 상징으로 만든다. 향후 추가 발굴과 연구를 통해 백률사의 숨겨진 이야기가 더 밝혀지기를 기대한다.

03. 통도사(通度寺) ― 부처의 진신사리가 머문 성지

김서현

불보사찰(佛寶寺刹), 통도사

경남 양산 영축산 자락에 자리한 통도사는 한국 불교의 삼보사찰 가운데 '불보사찰(佛寶寺刹)'로 불린다. 해인사가 경전을 품은 법보사찰, 송광사가 고승의 전통을 잇는 승보사찰이라면, 통도사는 부처님의 진신사리를 봉안한 사찰이다. 그래서일까, 이곳에 발을 들여놓는 순간부터 단순히 문화유산을 찾은 방문객이 아니라 성지를 찾은 순례자의 마음이 되었다.

사찰로 향하는 길목에서 가장 먼저 만난 것은 '무풍한송로'라 불리는 소나무 숲길이었다. 그 이름에는 전설이 서려 있다. 자장율사가 당나라 오대산에서 부처님의 사리를 모셔와 봉안했을 때, 이 길에서는 바람마저 자취를 감추었다는 이야기다. 이름처럼 고요가 감도는 길은 햇살이 가지 사이로 흩뿌려지고 솔 향기가 은은하게 번진다. 단순한 입구가 아니라 속세와 불국토를 잇는 회랑처럼 느껴졌고, 몇 걸음 내디딜 때마다 마음속 번잡함이 조금씩 가라앉았다.

통도사의 축은 일주문 - 천왕문 - 불이문 - 대웅전으로 이어진다. 일주문에서는 '부처님께 나아가는 길은 오직 하나'라는 상징을 새기고, 천왕문에서는 사천왕의 엄숙한 눈빛 앞에서 스스로의 허물을 돌아보게 된다. 이어지는 불이문 앞에서는 "너와 내가 둘이 아님" 이라는 가르침이 발걸음을 멈추게 했다. 세 개의 문을 거쳐 도착한 공간은 단순한 이동의 결과가 아니라 의례적 전환의 과정이었다.

통도사 들어가는 길 ©김서현

불교 신앙의 중심

통도사의 대웅전은 여느 사찰과 달리 불상을 모시지 않는다. 대신 창 너머로 바라보이는 금강계단이 참배의 대상이 된다. 부처님의 사리가 봉안된 곳이기에 굳이 불상을 둘 필요가 없다는 신앙 구조는 설명으로 들을 때와 실제로 체험할 때의 무게가 달랐다. 창 앞에 서서 예를 올리는 순간, 비워둔 자리에서 오히려 충만한 존재감을 느낄 수 있었다.

대웅전과 금강계단은 국보 제290호로 지정되어 있다. 통도사의 대웅전은 두 개의 건물이 하나로 맞붙은 독특한 구조를 가진다.

'정(丁)'자형 팔작지붕 형식으로, 어느 면에서 보아도 정면처럼 보인다. 이는 "부처님은 어디에나 계신다"는 상징을 건축으로 구현한 것이다. 건물의 동서남북에는 서로 다른 현판이 걸려 있는데, 동쪽은 대웅전, 서쪽은 대방광전, 남쪽은 금강계단, 북쪽은 적멸보궁이다. 특히 남쪽 금강계단 현판은 흥선대원군의 친필이다. 통도사의 중심부에서 마주한 이 공간은 단순한 건축물이 아니라 살아있는 신앙의 장임을 다시금 일깨워주었다.

통도사 대웅전 ⓒ김서현

대웅전 아래에 자리한 영산전은 불교 회화의 보고(寶庫)라 불린다. 벽에는 부처님의 생애를 담은 팔상도(八相圖, 진품은 성보 박물관에 소장)와 영산 회상도가 장엄하게 그려져 있었다. 팔상도에는 석가모니 부처님의 전생과 탄생을 비롯해 열반에 들기까지의 과정이 여덟 장의 그림에 다 녹아들어 있다. 이 팔상도를 이해하면

불교의 과정을 이해했다고 생각해도 과언은 아닐 것이다. 붉은색과 청색의 대비는 선명했고, 필치는 단아하면서도 힘이 있었다. 단순한 예술품을 넘어 그림 속 인물들이 살아 숨 쉬는 듯했다. 그 앞에 잠시 머물러서자 설법하는 부처와 보살들의 눈길이 마치 오늘의 참배객을 향하는 듯 느껴졌다.

성보 박물관(聖寶博物館)에는 통도사가 간직한 방대한 불교 미술을 확인할 수 있었다. 10m가 넘는 괘불탱화는 압도적인 규모로 방문자를 사로잡았고, 조선 후기의 불화들은 세밀한 필치와 색채의 조화를 보여주었다. 이 공간은 통도사가 단순히 신앙의 장일 뿐만 아니라 한국 불교 미술의 보고임을 증명했다.

통도사는 조계종의 대표적인 총림, 곧 선원·율원·염불원·강원을 모두 갖춘 '영축총림(靈鷲叢林)'이다. 선원에서는 묵언 속에서 참선이 이어지고, 율원에서는 계율의 학습과 실천이 진행된다. 염불원에서는 아미타불을 염송하며 왕생극락을 발원하고, 강원에서는 경전을 배우고 토론하는 학문 전통이 살아있다.

절에 머무는 동안에 곳곳에서 스님들의 독경 소리와 학인들의 발걸음을 마주했다. 그 모습은 "사찰은 살아있는 공동체"라는 사실을 보여주었다. 통도사는 단순히 과거를 보존한 공간이 아니라 오늘도 이어지는 수행의 장이었다.

영축산 자락에는 17개의 암자가 흩어져 있다. 자장율사가 수도했다는 자장암, 극락영지를 품은 극락암, 천연 염색 축제로 이름난

서운암, 약수로 알려진 반야암 등은 각기 다른 전설과 풍광을 간직하고 있다. 자장암에는 금빛 개구리가 나타났다는 전설이 전해 내려오는데, 이는 민중의 신앙심과 불교적 상징이 어우러진 이야기다. 또한 통도 팔경으로 꼽히는 무풍한송로, 비로폭포, 백운명고, 단성낙조 등은 자연의 아름다움과 불교적 의미가 어우러진 명승이다. 풍광을 감상하는 일조차 곧 수행의 한 장면이 되는 듯했다.

현대에 들어 통도사는 또 다른 시도를 이어갔다. 고려 팔만대장경의 전통을 계승해 16만 도자 대장경을 조성한 것이다. 종이나 목판이 아닌 도자기에 불경을 새겨 영구히 보존하고자 한 노력은 과거와 현재를 잇는 신앙의 결실이었다.

세계유산 통도사의 의미

오늘날 통도사는 대웅전, 영산전, 금강계단 등 수많은 문화재를 간직하고 있다. 2018년에는 통도사를 비롯한 7개의 사찰이 유네스코 세계문화유산 '산사, 한국의 산지 승원'으로 등재되었다. 한국의 7개 사찰은 통도사(경남 양산), 부석사(경북 영주), 봉정사(경북 안동), 법주사(충북 보은), 마곡사(충남 공주), 선암사(전남 순천), 대흥사(전남 해남)를 말한다.

그 가운데 통도사의 가치는 단순히 오래된 전각이나 기록 때문만은 아니다. 금강계단에 봉안된 진신사리, 계율 도량으로서의 전통, 그리고 오늘도 이어지는 총림 수행이 통도사를 살아있는 신앙의 현장으로 만들고 있다. 아침 법회에 모인 불자들의 염불 소리는 산사를 울리고 숲을 넘어 퍼져 나간다. 수많은 탐방객과 외국인들에

게 통도사는 한국 불교의 살아있는 교본이 된다. 나 역시 순례자이
자 탐방객으로 이 길을 걸으며 금강계단 앞에서 묵묵히 자신에게
질문을 던졌다. 무엇이 나를 이곳까지 오게 했는지, 사리는 지금
내게 어떤 의미로 다가오는지. 답은 명확하지 않았지만 그 질문 자
체가 수행의 시작이었다.

통도사 전경 ⓒ김서현

과거와 현재가 만나는 자리
답사를 마치고 돌아오는 길에 다시 무풍한송로를 걸었다. 숲길은
여전히 고요했지만, 내 마음은 처음 들어올 때와 달라져 있었다.
이제는 통도사가 단순한 관광지가 아니라, 과거와 현재, 신앙과 문
화가 하나로 어우러진 한국 불교의 성지라는 사실을 실감할 수 있
었다. 천삼백 년 전 자장율사의 원력이 오늘날까지 이어지고 있음

을 확인하는 순간, 통도사에서의 경험은 단순한 답사가 아니라 자기 성찰의 여정이 되었다.

 나는 마지막으로 독자에게 묻는다. 당신에게 길은 무엇인가. 무풍한송로처럼 고요한 성찰의 길일 수도, 영축산 능선처럼 험난하지만 끝내 도달해야 할 수행의 길일 수도 있다. 중요한 것은 그 길을 걸어가는 우리의 마음이다. 통도사에서의 하루는 그 길 위에 남긴 작은 발걸음이었지만, 오래도록 잊히지 않을 울림이었다.

유네스코 세계유산임을 알리는 표지석 ⓒ김서현

04. 보경사(寶鏡寺) - 동해를 품은 팔면보경의 전설

이명희

보경사와의 인연

마음에 쉼이 필요할 때면 자주 여행을 떠나고 싶어진다. 우리나라의 산사(山寺)는 그런 사람들에게 편안한 휴식을 주는 곳 가운데 하나이다. 우리나라에는 유서 깊은 산사가 많다. 2018년에는 한국의 산사 7곳이 세계문화유산에도 등재될 정도였으니 말이다. 그러나 유명한 산사도 좋지만, 나에게는 포항에 있는 보경사(寶鏡寺)가 오래 기억에 남는 절이다. 내가 처음 보경사를 만난 것은 코로나 19가 일어나기 전 어느 해 추석이었던 것으로 기억한다. 해마다 명절이면 고향으로 차례를 지내러 가야 하는 것이 우리나라에 사는 사람이라면 누구나 겪는 일이었다. 그런데 그해 한가위에 자유가 주어진 것이었다.

"……동서, 올 추석에는 차례 지내러 오지 말고 편하게 쉬어도 돼."

그 한 통의 전화로 우리 가족은 처음으로 한가위 명절에 고향이 아닌 문화유적지를 찾기로 한 것이었다. 그렇게 찾아간 곳이 내연산 보경사(內延山 寶鏡寺)였다.

뒤에서 바라본 보경사의 모습 ⓒ이명희

그 당시 보경사에서는 명절을 맞아 찾아오는 관람객들에게 흰 절
편과 민들레 조청, 꼬마김밥 등을 나눠주었고, 때마침 내렸던 비로
수량이 많아 보경사를 돌아나가는 수로에 찰랑찰랑 넘치는 맑은
물이 관람객의 탄성을 불러내던 기억이 있다. 가을이라 내연산 계
곡에 물드는 단풍과 오를 때마다 나타나던 폭포는 감탄을 자아내
게 만들었고, 연산폭포에서 만난 광경은 그림 그 자체였다. 그래서
겸재(정선鄭歚, 1676~1759)가 그곳에 반해 진경산수화를 그렸
나 보았다. 그렇게 처음 내연산과 보경사를 만났을 때는 아름다운
가을 정취에 빠져 절보다는 산에 더 관심을 가졌다. 그러다가 경주
박물관대학에 등록하고 3년을 다니다 보니 신라 불교에 대해 좀
더 관심을 기울이게 되었다. 그렇게 맺은 인연으로 여러 번 보경사

141

에 다녀오다 보니 그동안 스쳐 지나갔던 것들이 보이기 시작했다.

보경사의 창건과 유래

보경사(寶鏡寺)는 경상북도 포항시 송라면 중산리에 있는 절로, 동해안에서 얼마 떨어지지 않은 내연산(內延山) 기슭에 자리하고 있다. 내연산은 신라 시대부터 영험한 산으로 알려져 있으며, 산세가 수려하고 물이 맑아 많은 사람이 찾는 곳으로, 불교 도량을 세우기에 적합한 곳이었다.

보경사는 신라 진평왕 25년(602년)에 고승 지명법사(智明法師)가 창건한 것으로 전한다. <삼국유사>에 따르면, 중국 진(陳)나라 유학에서 돌아온 지명 법사가 유학 시절 한 도인으로부터 받은 팔면보경(八面寶鏡)을 가져와서 진평왕을 뵙고 아뢰기를 "동해안 해 뜨는 곳에 종남산이 있고, 그 종남산 아래 백 척 깊은 못이 있는 자리가 명당이다. 그 못을 메워 팔면보경을 묻고 절을 세우면 만세토록 이 나라가 무너지지 않을 것이며, 이웃 나라의 침략도 받지 않을 것이다." 하여 못을 메우고 팔면보경을 묻은 뒤 금당을 세우고 보경사(寶鏡寺)라 하였다. 이 유래는 불교 신앙과 신비적 색채가 결합된 전설적 이야기로, 사찰의 신성성과 권위를 높여주는 요소로 기능하고 있다.

그러나 조선 시대 1588년에 쓰인 「보경사금당탑기(寶鏡寺金堂塔記)」에는 그 기록이 조금 다르다고 전한다. 기록을 보면 중국 후한 때 인도에서 두 승려가 백마(白馬)에 불상과 불경을 싣고 중국으로 오면서 12면원경(十二面圓鏡)과 팔면원경(八面圓鏡)을 가져와서 12면원경(十二面圓鏡)을 중국 낙양성 밖에 묻고 백마사(白馬寺)를 세웠고, 팔면원경은 제자에게 맡겼다. 당시 두 스님은 동쪽 조선 땅 종남산에 있는 백 척 못에 명당이 있음을 알렸고, 그 제자에 의해 팔면원경(八面圓鏡)이 뒷날 지명법사에게 전해져 오늘날의 보경사가 되었다는 것이다. 다만 '보경사금당탑기' 기록은 한반도 불교 전래 역사에 맞지 않는다는 의견이 있다. 어찌 되었든 그런 연유에서인지 보경사는 창건 당시부터 영험한 도량으로 알려졌고, 불교 전파에도 중요한 역할을 했으며, 신라의 해안방위와 국가 안녕을 기원하는 호국불교로서의 역할을 한 사찰이기도 했다. 그리고 신라 경덕왕 때 철민(哲敏)화상에 의해 중창되었다(745)는 기록이 있다.

이후 고려 시대에 들어오면서 보경사는 왕실과 지방호족의 지원을 받으며 크게 번영했는데 고려 문종(1019~1083)과 고려 숙종(1054~1105) 때 중창이 이루어졌다는 기록이 전해진다. 특히 고려 제23대 고종(1192~1259) 때는 원진국사가 보경사 주지로 부임해 오면서 퇴락한 당우(堂宇)를 중창하여 큰 사찰이 되었던 것으로 보인다. 기록에 의하면 보경사에는 12개의 산 내 암자가 있었으나 시간이 지나면서 쇠락하고 지금은 서운암, 청련암, 문수암, 보현암 등 4개의 암자만 존재한다고 하니 그 세월의 무심함은 절이라도 비켜 갈 수 있는 곳이 아니었나 보다.

그러나 1569년에 조성한 보경사 적광전의 수미단이 현전하고 있으며, 적광전 뒤의 대웅전과 대웅전 뒤의 팔상전이라는 특이한 가람 배치는 조선 숙종 연간에 이루어진 것으로 추정하고 있다. 숙종

때인 1677부터 20여 년간의 대대적인 중수는 현재 보경사의 가람 배치를 완성했다고 할 수 있을 것이다.

 보경사에는 그 오래된 역사만큼이나 중요한 건축과 조각은 물론이고 문화유산과 예술적 가치를 가진 보물들이 8점이나 있다. 보경사를 들어서서 만나는 천왕문, 오층석탑, 적광전, 비로자나불도, 괘불탱, 원진국사비, 승탑, 그리고 18세기에 사인비구가 제작한 서운암의 동종이 중요한 보물이다. 보경사에 가면 보물들을 찾아보는 것도 보경사를 찾는 이유 중 하나가 될 것이다.

보경사 천왕문(天王門)

보경사 천왕문, 보물 ⓒ이명희

먼저 일주문을 지나 절 안으로 들어서면 보물인 천왕문이 있다. 정면 3칸, 측면 2칸의 단층 팔작지붕으로 가운데가 통로 칸이다. 보경사 천왕문에는 세 개의 현판이 달려있는데 한가운데 천왕문 현판이 붙어 있고, 오른쪽에는 내연산이라는 현판이, 왼쪽에는 보경사라는 현판이 붙어 있다. 천왕문 앞에 서서 입구 문 아래쪽을 보면 사자(獅子) 모양을 한 신방목(信枋木)이 끼어 있는 것을 보게 된다. 신방목은 문을 여닫을 때 문틀과 문설주의 흔들림을 방지하기 위한 장치로, 국내 천왕문에서는 보기 어려운 것인데 적광전에도 이 신방목이 설치되어있는 것을 볼 수 있다. 천왕문 안에는 네 분의 사천왕이 동서남북을 지키며 서 있는데 보경사의 4대 천왕은 얼굴색이 푸른색(동), 흰색(서), 붉은색(남), 검은색(북)을 하고 있는 것이 특징이다.

 일반적으로 천왕문은 사찰의 주불전 영역으로 들어서는 상징성을 가진 곳인데 보경사 천왕문은 조선 후기(17~8세기) 사찰 건축의 변화를 보는 주는 곳이라 하며, 국내 유일의 팔작지붕 형태를 가진 곳으로 천왕문의 위계를 보여준다.

보물로 지정된 보경사 오층석탑, 뒤에 보이는 것이 적광전 ⓒ이명
희

보경사 5층석탑
천왕문을 지나면 5층 석탑이 관람객을 맞이한다. 이 탑은 통일신라 시대 양식을 계승한 것으로, 적광전 앞에 있어서 금강탑이라고

도 불린다. 고려 현종 14년(1023)에 조성된 이 탑은 고려전기의 석조기술을 보여주는 것으로 가장 눈길을 끄는 것은 1층 몸돌에 새겨진 문비(門扉)와 자물쇠, 문고리 조각이 아닐까? 석공은 부처님의 사리를 봉안하는 성스러운 탑에 자물쇠와 문고리를 조각하여 부처님의 세계가 신성한 곳이며, 그 경계를 지키는 신성한 열쇠라는 것을 상징하는 마음이 전해져 오는 것 같다. 이 탑은 전체적으로 길고 가늘어 위로 향하는 듯한 상승감이 있고 날렵해 보인다. 5층 몸돌과 지붕돌은 1970년대에 보수하면서 교체되었고, 탑의 상륜부에는 노반과 복발만 남아있다. 보경사 오층석탑은 그 조성 시기가 명확하여 학술적 연구 자료로도 가치가 있는 것이다. 1985년 경상북도 유형문화재로 지정되었다가 2024년 보물로 승격되었다.

보경사 적광전(寂光殿)

보경사의 중심 법당은 비로자나 부처님을 주불로 모신 적광전으로, 대적광전, 대명광전, 대광전 등으로 불리기도 한다. 비로자나불의 청정한 세계, 즉 적광토를 의미하는 적광전은 보물로 지정되었다. 고려 후기의 건물이지만 통일 신라 시대 초석과 건축기법이 남아있어 아마도 통일신라 시대의 부재(部材)를 사용한 것이라 추정하기도 한다. 정면 3칸과 측면 2칸으로 된 다포식 맞배지붕 형식을 갖춘 건물이다. 전면 중심 칸 아래에 천왕문에 있는 것과 닮은 사자모양의 신방목이 자리해 있는 것을 확인할 수 있다. 비로자나불 좌우에는 문수보살과 보현보살이 협시불로 모셔져 였는데 이런 형태의 비로자나 삼존불상은 흔히 볼 수 있는 것이 아니기 때문에 희소성의 가치를 더한다고 한다. 적광전과 적광전에 모셔진 비로자나 불도가 모두 보물로 지정되어 있으니 적광전에는 꼭 들어가 봐야 할 장소가 아닐까 싶다.

보통 일반적인 사찰에는 부처님을 모신 건물에 보탑을 올리기도 하는데 보경사 적광전의 지붕 가운데는 청기와가 얹혀 있는 것이 눈길을 사로잡는다. 물론 청기와가 건물 전체를 덮은 것이 아니라 건물 가운데에 한 장으로 덮여있어 자세히 살피지 않으면 놓치는 경우도 있다. 불교에서 청색은 청정과 지혜를 상징하기도 하지만 조선 시대에는 왕실의 권위를 나타내기도 했다. 보경사 적광전의 청기와는 조선 숙종과 관련이 있는 것으로, 왕실의 후원을 받는 사찰의 위상과 신앙적 상징성을 드러내는 것이라고 한다. 그 외에도 보경사 박물관에는 조선 숙종임금이 내연산 12폭포를 유람하고 경치에 반해 당나라 시인의 시를 적은 어필각판(御筆刻板)이 있으며, 적광전의 바닥이 마루가 아닌 전돌로 이루어진 것도 특징이라고 할 수 있을 것이다.

보경사 원진국사비 (圓眞國師碑)

보경사 경내에는 보물로 지정된 고려 후기 고승 원진국사(1187~1221)의 비(碑)가 남아있다. 이 비석은 높이 183cm, 너비 104cm, 두께 17cm로, 1224년(고종 11)에 세워진 것이다. 귀부는 화강암이며, 비신은 사암이고, 이수에는 용이 새겨져 있다. 앞에서 보면 귀두에는 여의주를 물고 있는 용머리가 조각되어 있고, 육각형 모양의 거북 등에는 '왕(王)' 자가 새겨진 것이 보인다. 비문에는 원진국사의 생애와 업적이 기록되어 있어 고려 후기 불교사 연구에 귀중한 자료이기도 하다.

원진국사는 13세에 승려가 되었고, 대선사의 지위에 오른 뒤 고종(1192~1259)의 명으로 보경사의 주지가 되었다. 고종은 원진국사가 입적(51세)했을 때 국사(國師)로 추증하고, 원진(圓眞)이라는 시호를 내렸다. 원진국사비는 3년 뒤에 세워졌다.

원진국사 비 ⓒ이명희

정면에서 바라본 귀부 모습 ⓒ이명희

 귀두(龜頭)를 자세히 살펴보면 용의 입에는 여의주가 물려있다. 그런데 잠시 아래를 내려다보면 오른쪽 발이 여의주 하나를 감싸고 있는 것을 보게 된다. 용이 여의주를 물고 승천하는 모습을 보는 경우는 있지만 두 개의 여의주를 가진 용은 보기 드물다. 어쩌면 여의주에 대한 미련 때문에 저 용은 승천하지 못한 것이 아닐까라는 재미있는 상상도 해 본다. 그런데 안타깝게도 입에 여의주를 문 용의 이빨 한쪽이 부러진 것을 보게 된다. 관람객들이 던진 동전에 맞아 돌이빨이 부러져 문화재가 훼손되었다는 이유를 듣고 나면 더욱 아쉬워진다.

 지금도 여전히 비석 주위에는 동전이 흩어져 있는 모습을 본다.

평소에도 문화유산을 감상하다 보면 연못이나 석탑에 동전을 던지는 관광객을 종종 보는데 사람들의 작은 행동 하나가 문화유산을 훼손할 수 있는 행위임을 명심해서 신중하게 행동하지 않으면 안 될 것 같다.

원진국사 승탑 ⓒ이명희

보경사 원진국사 승탑(寶鏡寺 圓眞國師僧塔)

승탑(僧塔)이란 고승의 사리나 유골을 봉안하는 석조 건조물로, 부도(浮屠)라고도 부른다. 보경사에는 여러 기의 승탑과 탑비가 전해지는데, 그 가운데 보물로 지정된 원진국사 승탑이 대표적이다. 원진국사의 승탑은 보경사 뒷산 중턱에 위치해 있는데, 전형적인 팔각원당형 부도이다. 기단부에는 팔각 하대석 위에 앙련(仰蓮)과 복련(覆蓮)을 새겨 장식성을 더했고, 탑신부는 팔각의 몸돌 각 면에 감실(龕室, 불상이나 사리 모시는 공간)을 조각하여 불법 수호의 상징성을 강화했다. 위에 얹은 옥개석도 8각이며, 넓은 낙수면과 들림이 있어 경쾌하면서도 장중한 인상을 준다. 탑신이 길고 큰 탓에 안정감을 주지 못하고 돌기둥 같은 느낌을 주기도 한다. 탑신의 모서리에 기둥을 조각했고, 한 면에 문틀 없는 자물통을 조각해 놓았다. 원진국사비에 새겨진 글에 의하면 이 승탑도 비가 세워진 1224년(고려고종 11)에 제작된 것으로 추정할 수 있다.

원진국사 승탑을 보고 내려오는 길에 고개를 들면 보경사 전경이 그림같이 펼쳐진다. 소나무가 있는 곳에 들어서면 화재 진압을 위해 세워둔 철재(鐵材)기둥이 보이는데 그곳이 보경사 전경(全景)을 찍을 수 있는 포토존이라는 것을 함께 갔던 해설사 선생님이 알려주었다. 그 중요한 순간을 놓칠 수 없지 않은가? 바로 사진기에 그 모습을 담고 보니 제법 마음에 들었다. 힘들게 올라간 산 중턱을 다녀온 보람을 느끼는 순간이었다.

보경사 박물관에서 만난 보물

그 문화유산을 제대로 보려면 먼저 박물관으로 가야 한다. 보경사 성보 박물관에도 귀한 문화유물이 많이 보관되어있는 곳 가운데 하나이다. 여름이 끝나고 찾은 보경사 입구에 꽃무릇이 피어 사람들의 시선을 붙잡았다. 너무나 한적한 평일이라 사진을 찍느라 심

취해 전각을 찍다가 그제야 생각이 나서 박물관으로 향했다.

적광전 비로자나 후불탱, 보물 ©이명희

보경사 박물관에는 보물로 지정된 적광전 비로자나 후불탱이 전시되어 있다. 1742년(영조 18)에 조성된 이 불화는 마로 된 천 위에 흰색으로 선을 표현한 선묘불화라고 해설사가 설명해 주었다. 이 불화의 조성 목적에는 왕실의 번영을 축수하는 것임을 짐작하게 하는 글씨를 볼 수 있는데, 비로자나불 아래 정면에는 '주상전하수만세(主上殿下壽萬歲)와 오른쪽에 왕비전하수제년(王妃殿下

壽齊年), 왼쪽에 세자저하수천추(世子邸下壽天秋)'라고 쓰인 글씨가 그것이다. 당시 조선은 유학을 장려하는 국가여서 지방관이나 사대부들의 수탈과 억압이 심했던 시기였다. 그런데 이런 불화는 사찰을 보호하기 위한 목적도 있는 것이다.

그 밖에도 숙종이 내연산을 찾았다가 아름다운 경치에 취해 당나라 시인 맹호연의 시 춘효(春曉)를 적은 어필 각판도 있고, 18세기에 사인 비구(스님)가 제작한 동종이 보물로 지정되어 있다. 아래는 숙종의 어필이 적힌 각판과 사인 비구의 동종이다.

숙종임금이 쓴 어필각판, 왼쪽 상단에 '숙종대왕어필'이 보인다. ⓒ이명희

보경사 서운암에 있던 이 동종은 17세기 후반 이후에 만들어진 것으로, 고려 후기의 종 형식을 따르고 있다. 이 동종은 사인 스님이 만든 종 가운데 가장 빠른 것이다. 보통 사찰에서 종을 달기 위해

만든 둥근 고리는 일반적으로 용(龍) 문양을 제작하는 것이 일반적인데 사인 스님이 만든 고리는 꼭 옴이라는 글자를 닮았다고 보는 사람도 있다. 더구나 이 동종의 고리 아래는 연잎 40기를 새기고, 잎마다 인물상을 받쳤는데 그 정교함에 또 놀라지 않을 수 없다. 그 밖에도 동종에 새겨진 의미를 알고 나면 시간 가는 줄 모른다.

현재 사인 스님이 남긴 동종은 보경사 동종을 포함해 총 8개가 전하고 있다. 나머지는 문경 김룡사 동종(직지사), 홍천 수타사 동종(수타사), 안성 청룡사 동종(청룡사), 서울 화계사 동종(화계사), 양산 통도사 동종(통도사), 의왕 청계사 동종(청계사), 강화 동종(강화역사박물관)이다.

보경사 동종, 보물 ⓒ이명희

보경사를 나서며

보경사에는 동종과 괘불 등의 보물이 많아서 박물관에서 시작한 사찰 답사를 제대로 하려면 상당한 시간이 필요하다. 처음 보경사 경내를 돌아보았을 때가 생각났다. 경건한 마음으로 졸집을 돌며 보물을 찾아보고, 그 전각에서 느낀 숭고함과 의미를 떠올려 보았다. 아름답게 선 소나무조차도 잊을 수 없는 모습이었다. 거기다 아주 소중히 보존되던 탱자나무 두 그루도 절집의 모습을 더욱 아름답게 했었는데 다시 돌아본 곳에는 탱자나무가 힘들게 버텨내고 있는 것 같아 안타까웠다. 거기다 정갈하게 놓여 있던 장독대의 장독들도 많이 없어졌고, 복원 중인지 여기저기 흩어져 있는 도구들이 모처럼 찾은 관람객을 낯설게 해서 조금은 슬펐다.

세월이 흐르고 나면 그 자리를 지키던 문화유적들이 어떤 모습으로 우리들을 맞을지 알 수 없다. 문화강국이 얼마나 위대한지 알고 있는 우리들이다. 나름 문화강국에 대한 자부심도 있다. 천년 고찰 보경사가 주는 문화의 힘은 우리를 자랑스럽게 한다. 여전히 소중한 보경사의 위대한 문화유적을 더욱 잘 가꾸고 지켜야겠다는 생각을 하며 보경사를 나섰다. 조상들이 남겨준 소중한 유물을 잘 지키고 가꾸어서 후손들에게 물려주어야 할 책임은 이제 우리들 몫이 되었다. 다시 돌아본 보경사가 또 다른 소중한 유산으로 다가오는 순간이었다. 김구 선생의 글이 생각난다.

"오직 한없이 가지고 싶은 것은 높은 문화의 힘이다."

고요한 산사의 모습 ⓒ이명희

05. 분황사(芬皇寺) - 신라 불교의 향기가 피어난 곳

김규광

분황사(芬皇寺)는 어떤 절인가?

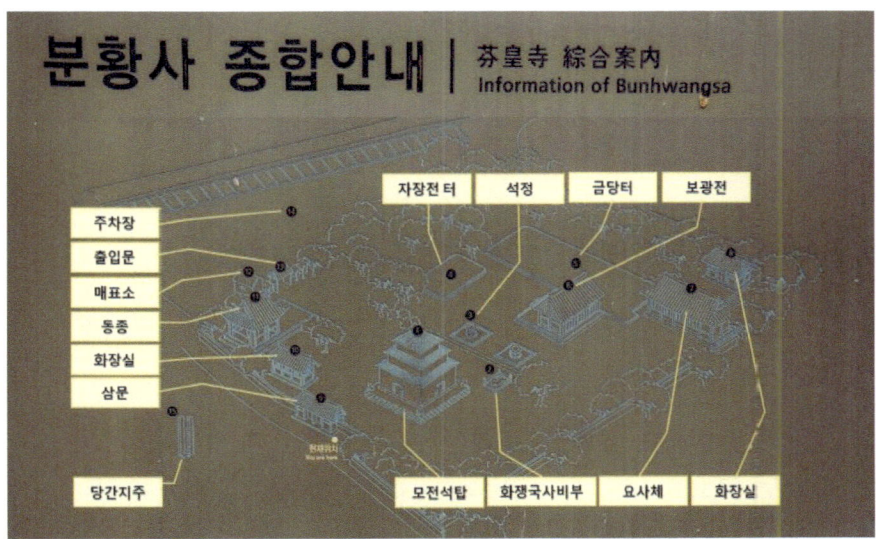

분황사 안내도 ⓒ김규광

경주시 구황동에 위치한 분황사는 대한불교조계종 제11교구 본사인 불국사의 말사이다. 〈삼국사기〉에는 634년(선덕여왕 3) 정월에 창건되었다고 기록되어 있으며 이름 그대로 "향기로운 임금님의 절"로 선덕여왕을 염두에 둔 이름이다.

모전석탑(模塼石塔)에 대하여

분황사 모전석탑(국보 30호) ©김규광

국보 30호(1962.12.20. 지정)로, 높이는 9.3m이다. 분황사 모전석탑은 분황사가 창건될 당시에 세워진 것으로 중국의 벽돌로 만든 전탑(塼塔)의 양식을 기초로 한다. 그러나 벽돌이 아닌 안산암을 다듬어 만들었다고 하여 모전탑(模塼塔)이라고 부르며, 원래는 9층이었던 것으로 추정되나 현재는 3층이 남아 있다. 단층의 기단은 자연석으로 높게 쌓았으며, 그 위에 화강암으로 탑신 받침을 마련하고 탑신을 쌓았다.

1층 탑신 4면에는 각각 감실을 만들고 문비(門扉)를 달았는데, 감실 속에는 불상 같은 예배 상이 있었던 것으로 추정되나 지금은 아무것도 없으며, 문 좌우에는 화강암으로 조각하여 끼운 인왕상이 권법의 자세를 취하고 있다.

기단의 네 귀퉁이에는 석사자상이 배치되어 있는데 조각 솜씨가 부드럽고 사실적이며, 1915년 수리 때 2층과 3층 사이의 석함 속에서 사리장엄구가 발견되었는데 은제사리합, 구슬류, 금동제 장신구 류 등이 수습되었다.

보광전(普光殿)

보광전은 분황사의 중심 법당으로 현재 남아있는 보광전 건물은 조선 후기인 1700년경에 중건된 것으로 목조건축이지만 그 기반은 신라 시대의 석조기단 위에 세워져 있어 역사적으로 의미가 있다고 볼 수 있다.

법당 안에는 부처님 불상 대신에 금동 약사여래입상(국보 제28호)이 있다는 게 특이한 점이다. 금동 약사여래불이 법당 안에 자리한 이유는 중건 시점이 조선 시대였고, 조선은 숭유억불 정책으로 인해 부처님 대신 약사여래입상을 봉안하지 않았나 추정하고 있다. 약사여래는 중생의 질병, 재산, 고통을 구제하는 역할을 함으로 백성들의 기원과 믿음이 많이 집중되는 대상으로 전란이나 역병 등 어려움이 많았던 시기에 약사여래를 중심 불(佛)로 모시는 사례가 종종 있었다고 한다.

분황사 보광전 ©김규광

보광전 불상 ©김규광

석정 (경상북도 문화재자료 제9호)

분황사에는 현존하는 통일신라 시대의 돌우물 가운데 가장 크고 우수하며 지금 사용해도 될 만큼 보존 상태가 양호한 팔각모양의 우물이 있다. 이 우물의 이름은 삼룡변어정(三龍變漁井) 또는 호국룡변어정(護國龍變漁井)이라고 하는데 다음과 같은 설화가 있다. 자료마다 내용이 약간씩 다른데 <삼국유사>에 의하면 원성왕 11년에 당나라 사신이 신라에 와서 한 달 정도 머물다 돌아갔다. 다음날 두 여인이 왕을 찾아와 "분황사 우물에 나라를 지키는 용 3마리가 살고 있었는데 당나라 사신이 용들을 물고기로 변신시켜 잡아갔다"고 하여 왕은 사람을 시켜 이 물고기를 찾아와 우물에 넣어주니 다시 용으로 변하여 하늘로 승천하였다는 이야기가 전해져 오는 것이다.

화쟁국사비부(경상북도 유형문화재 제97호)

분황사에는 원효대사와 관련된 유물이 있다. 분황사가 창건된 뒤 자장율사와 원효대사 같은 당대의 고승들이 승려들의 계율을 주석하고, 원효대사는 <금강삼매경론>을 저술하는 등 분황사에서 많은 활동을 한 것으로 알려졌다. 특히 원효대사가 창시한 해동종파는 분황종파로 불릴 정도였으니 그의 역할은 컸던 것으로 보이는데 이런 업적을 기려 고려 숙종(1109)은 원효에게 대성화쟁국사(大聖和諍國師)라는 시호를 내리고 그를 기리는 비석을 분황사에 세울 것을 명하였다. 실제 비석은 90년 후인 명종 20년(1190년)에 세워졌는데 안타깝게도 비석은 임진왜란 때 소실되고 받침돌만 남아 있었던 것이다. 그 비석은 조선 말기 금석학자인 추사 김정희에 의해 발견되었는데 당시까지만 해도 비부의 글씨가 남아있어 원효의 비석이 있던 흔적임을 기록했다. 그리고 비부(碑趺)는 비문에 덧붙여 기록한 부속 기록이라는 뜻이다. 지금도 분황사 모전석탑을 돌아가다 보면 그 유물을 만날 수 있다. 그러나 안타깝게도 비부의 글씨는 그 흔적을 읽어내기 어렵게 훼손되고 말았다.

석정과 화쟁국사비 부 ⓒ김규광

원효대사와 분황사

분황사의 역사에서 원효는 빼놓을 수 없는 존재로 지금도 해마다 원효를 기념하는 재(齋)가 열리고 있다. 더구나 1995에 분황사에서 설립된 원효학연구원은 원효 관련 논문 중에 아예 분황원효(芬皇元曉)라고 부른 것도 있다. 고려 시대까지도 원효를 종조(宗祖)로 하는 분황종(芬皇宗)이라는 종파가 존재했고, 그 본산이 이곳 분황사였다.

 우리에게 잘 알려진 해골물 이야기의 시작은 원효가 의상과 함께 당나라로 유학길에 올랐다가 도중에 깨달음을 얻은 원효의 삶 가운데 하나이다. 그 깨달음으로 유학길에서 되돌아온 원효가 머무른 곳이 분황사였고 <금광명경소(金光明經疏)>나 <화엄경소(華嚴經疏)>등 현존하는 원효의 저작 대부분이 이곳 분황사에서 집필되었다

원효대사가 입적하자 그의 아들 설총은 아버님의 유해로 소상을 만들어 분황사에 모시고 돌아나가려고 하자 그 소상이 나가는 아들을 보기 위해 움직였다는 <삼국유사> 속 이야기는 유명한 일화에 속한다. 그 소상은 고려 후기까지 있었다고 전해진다.

분황사의 특징은 인근에 황룡사도 있었으나 황룡사는 귀족을 위한 사찰이었고 분황사는 처음에는 호국사찰로 시작하였으나 원효가 거주하면서(답사중 관광팀이 도착해서 가이드가 설명하는 내용 중 원효가 분황사에서 13년을 거주하였다고 한다) 서민을 위한 사찰로 변모하여 우리에게 친근하면서 규모는 작지만 실속은 알찬 사찰로 남아 있다.

그리고 분황사 담장 밖에 "당간지주"도 있으니 놓치지 말았으면 좋겠다. 답사 중 분황사 복원 계획이 담긴 조감도를 보면서 분황사가 제대로 복원되는 그날이 기다려진다.

● 중금당(124평) ● 동금당(110평) ● 서금당 (110평)

끝으로 며칠 전에 어느 퀴즈프로에서 알려준 "악착같다" 라는 말의 유래에 대해 소개하려고 한다. "악착같다" 라는 말은 악착보살에서 유래했으며, 악착보살의 이야기는 구전으로 전해 내려오는 한국 불교의 대표적인 설화중 하나이다.

먼저 첫 번째 이야기는 '서방 극락정토로 향하는 반야용선(般若龍船)이 이 세상에 도착했을 때, 한 보살이 자식들과의 마지막 작별 인사를 나누느라 배에 오르지 못했다고 한다. 이미 떠나가는 배를 향해 간절히 외치자, 배에서는 한 가닥의 밧줄이 던져졌고, 보살은 이를 악물고 그 줄에 매달려 극락에 도달했다' 는 이야기였다.

또 다른 버전의 이야기는 '평생을 보시와 선행으로 살아온 한 여인이 있었는데 그녀는 마침내 극락으로 향하는 반야용선이 도착한다는 소식을 듣고 기쁜 마음으로 길을 나섰으나 가는 길어 굶주린 사람들과 병든 이들을 만나 자신이 가진 것을 모두 나누어 주고, 아픈 이들을 돌보느라 정작 배가 도착하는 시간에 늦고 말았다. 그 모습을 본 부처님께서 이 여인의 순수한 마음과 자비로운 행동을 보시고 떠나가는 배에서 밧줄을 던져 주셨다. 여인은 그 밧줄을 붙잡고 온 힘을 다해 매달렸고, 결국 극락정토에 도달할 수 있었다'는 이야기로 악착보살의 유래를 쉽고 재미있게 알려주었다.

이는 불교에서 강조하는 자비와 보시의 가치를 생생하게 보여주는 것이라 생각한다. 자신의 구원보다 타인을 먼저 생각한 여인의 행동이 오히려 그녀를 극락으로 인도하는 계기가 된 것을 알려주는 것으로, 현재 경북 청도 운문사 비로전과 경북 영천 영지사 대웅전에서 천장의 밧줄에 매달린 악착보살의 모습을 볼 수 있다고 한다. 기회가 되면 청도 운문사와 영천 영지사를 찾아가 악착보살을 만날 수 있기를 고대한다.

06. 감산사(甘山寺) – 석조미술의 찬란한 절정

남재칠

효심과 신앙으로 꽃피운 8세기 신라 불교의 정수 감산사

감산사(甘山寺)는 신라 성덕왕 18년(서기 719년)에 창건된 유서 깊은 사찰이다. 이 사찰을 세운 인물은 바로 당시 신라의 고위 관리였던 중아찬(重阿湌) 김지성(金志誠)이다. 그는 자신의 개인 장전(莊田), 즉 토지를 희사하여 사찰 건립의 재원을 마련할 만큼 지극한 정성을 쏟았다.

김지성은 6두품 출신의 인물로, 당시 신라 사회의 핵심 계층 중 하나였다. 그는 아버지 일길간(一吉干) 김충(金忠)과 어머니 관초리(觀肖里)의 명복을 빌기 위해 감산사를 창건했다고 불상에 새겨진 명문(銘文)을 통해 전해진다. 또한, 사찰을 건립하는 것이 개인적인 효심을 넘어 국왕과 왕족의 안녕까지 기원하는 대승적인 목적을 가지고있었다는 점도 주목할 만하다.

김지성의 감산사 건립은 부모의 명복을 비는 것을 가장 큰 이유로 삼았다. 이는 효를 중시하는 동양 사상과 불교의 내세관이 결합된 모습이다. 특히 그는 어머니를 위해서는 미륵보살을, 그리고 아버지와 전전왕(신문왕)과 전왕(효소왕)을 위해서는 아미타여래를 조성했다고 한다. 이는 신라 중대에 아미타 신앙과 미륵 신앙이 동시에 성행했음을 보여주는 중요한 증거이기도 하다.

남월산 감산사 ⓒ남재칠

감산사의 창건은 단순히 건물을 짓는 것을 넘어, 효심 깊은 한 인물의 지극한 염원과 국가의 안녕을 기원하는 대승적 의지가 담겨 있는 불사(佛事)였음을 알 수 있다.

현재 감산사는 안타깝게도 예전처럼 웅장한 사찰의 모습을 유지하고 있지 못하다. 감산사 터는 경상북도 경주시 내동면 신계리(薪溪里)에 위치해 있는데 과거에는 이곳이 '남월산 감산사'라는 이름으로 불리기도 했다. 비록 건물은 사라졌지만, 감산사 터에는 당시 사찰의 규모와 위용을 짐작하게 하는 흔적들이 남아 있다.

감산사 터에 현재 남아 있는 중요한 유적 중 하나는 감산사지 삼층석탑(甘山寺址 三層石塔)이다. 이 석탑은 경상북도 유형문화재로 지정되어 있으며, 비록 규모는 크지 않지만, 감산사가 있었던 증거로 남아 옛 자리를 지키고 있다. 이 탑은 감산사지의 역사성을 증명하는 중요한 표지이자, 사찰의 원래 위치를 가늠하게 해주는 유일한 석조물이다.

감산사는 20세기 초, 두 점의 국보급 불상이 발견되기 전까지는 사실 대중에게 잘 알려지지 않은 평범한 폐사지(廢寺址)에 불과했다. 하지만 불상들이 발견되면서 그 역사적, 미술사적 가치가 재조명되기 시작했다.

감산사가 오늘날까지도 역사와 미술사에서 중요한 위치를 차지하는 가장 큰 이유는 바로 이곳에서 출토된 두 점의 석조 불상 때문이다. 이 불상들은 모두 1916년 일본인 학자 도변창(渡邊彰: 와다나베 아키라)과 말송웅언(末松熊彦: 스에마쓰 쿠마히코)에 의해 감산사 터에서 발견되었으며, 현재는 국립중앙박물관에 소장되어 있다. 이 두 불상은 1962년 12월 20일 나란히 국보로 지정되어 대한민국의 소중한 문화유산으로 보호받고 있다.

경주 감산사 석조미륵보살입상(慶州 甘山寺 石造彌勒菩薩立像)

경주시 외동읍 앞등길 감산사 터에서 출토되어 국립중앙박물관이 소장하고 있다. 719년(신라 성덕왕 18년)에 조성되었으며 총 높이 270cm, 불신 183cm, 광배 높이 210cm, 광배 너비 109.1cm, 대좌 높이 53cm의 입상이다.

이 불상은 제작 시기가 명확하기 때문에 불교미술사에서 시대양식을 설정하는 기준이 된다. 머리에는 화려하게 장식된 머리에쓴 보관(寶冠) 위에는 작은 좌상의 화불(化佛)이 새겨져 있는데, 이러한 표현은 미륵보살보다는 관음보살(觀音菩薩)의 특징을 보여주는 요소이기도 하다. 미륵보살이지만 관음보살의 특징이 나타나는 복합적인 도상을 보여주는 것이다. 얼굴은 볼이 통통하여 전체적으로 원만하고 온화한 인상을 준다.

돌로 만들었음에도 불구하고 풍만한 신체를 매우 사실적이고 능숙하게 표현하여, 당시 통일신라시대의 뛰어난 조각 기술을 엿볼 수 있다. 목에는 두 줄의 화려한 목걸이가 섬세하게 새겨져 있는데, 이 목걸이는 목에서부터 가슴까지 이어져 불상의 아름다움을 더욱 돋보이게 한다. 몸을 감싼 법의(法衣)는 부드럽고 유려하게 흘러내리며 자연스러운 옷 주름을 만들어내어, 사실적인 인체 표현을 더욱 돋보이게 한다. 당시 동아시아에서 유행하던 보살상의 모습이 반영된 새로운 경향으로 이해되고 있다.

「경주 감산사 석조미륵보살입상(慶州 甘山寺 石造彌勒菩薩立像)」은 1915년 조선총독부의 경주 일대 고적 조사 중 경상북도 월성군 내동면 신계리(현 경상북도 경주시 외동읍)의 감산사 터에서 아미타 여래입상과 함께 발견되어 경복궁으로 옮겨졌다. 조선총독부는 시정 5주년 기념 조선물산 공진회를 경복궁에서 개최하였는데, 경복궁 전각 일부를 헐어 특설미술관을 지은 후 이 두 불·보살상을 전시하였다. 이후 미술관은 박물관으로 개칭되었고, 현재까지 국립중앙박물관에 소장·전시되고 있다. 국보 제81호이다.

이 미륵보살입상의 광배 뒷면에는 381자의 조상기가 새겨져 있다. 그 명문에 따르면 성덕왕 18년(719)에 김지성이 돌아가신 아버지와 어머니를 위해 감산사와 함께 미륵보살상과 아미타불상을 조성하였다고 한다. 다만 이와 함께 발견된 아미타여래입상의 조상기(造像記)에는 김지성(김지전)이 성덕왕 19년(720) 4월 22일에 사망했다는 기록이 덧붙어 있어, 미륵보살입상은 김지성 생전에 완성되었으나 아미타여래입상은 김지성 사후에 완성되었을 것으로 추정된다.

또한 아미타여래입상 조상기에만 왕명으로 나마(奈麻) 총(聰)이 글을 짓고 승려 경융(京融)과 대사(大舍) 김취원(金驟源)이 썼다는 기록이 새겨져 있다. 여기서 나마 총은 설총으로 보고 있으며, 이 명문을 근거로 미륵보살입상의 조상기도 설총이 글을 짓고 승려 경융과 대사 김취원이 글씨를 썼을 것으로 보고 있다.

다만 두 불·보살의 명문 사이에는 인명 표기에 차이가 보이는데, 발원자인 김지성이 미륵보살상에는 "김지성(金志誠)"으로, 아미타불상에서는 "김지전(金志全)"으로 새겨져 있다. 뿐만 아니라 동생의 이름인 양성은 미륵보살상에는 "양성(良誠)", 아미타불상에는 "양성(梁誠)"으로, 누나의 이름도 미륵보살상에는 "고파리(古巴里)", 아미타불상에는 "고보리(古寶里)"로 되어 있다. 이러한 표기 차이는 당시 신라식 발음을 한자로 옮기는 과정에서의 혼용이라 이해되고 있지만, 인명과 관등의 표기 순서도 달라서 두 불·보살상의 명문을 지은 사람이 다르거나 조성 시기가 달랐을 가능성을 제기하는 근거로 보기도 한다.

미륵보살입상 조상기 말미에는 어머니의 사망일과 장례법이 덧붙여져 있고, 아미타여래입상 조상기에는 아버지 사망일과 장례법이 마찬가지로 말미에 덧붙여 있다. 이 두 조상기는 『삼국유사』권3 탑상4 「남월산」조에 요약·수록되어 있는데, 일연(一然)은 미륵보살상은 돌아가신 어머니를 위해, 아미타상은 돌아가신 아버지를 위해 조성한 것이라 하였다.

미륵보살상과 아미타불상을 함께 조성한 것은 드문 경우라 할 수 있다. <삼국유사> 권3 탑상4 「남백월이성 노힐부득 달달박박」조에 성덕왕~경덕왕 대에 걸쳐 백월산 남사에 미륵보살상과 아미타불상을 조성하게 된 연기설화가 수록되어 있다. 이러한 사례를 통해 미륵보살상과 아미타불상을 함께 조성하는 것을 8세기 새로운 경향으로 꼽히기도 한다. 특히 발원자 김지성이 <유가사지론(瑜伽師地論)>을 읽었다고 했는데, 이 논서는 유식 사상(唯識思想)의 핵심으로 당시 신라 법상종(法相宗)의 유행을 짐작케 한다.

이와 관련하여 미륵보살상과 아미타불상을 함께 조성한 것을 신라 법상종 신앙의 특징으로 꼽거나 신라 중·하대 미륵신앙 유행의 단초를 보여주는 것으로 이해하기도 한다. 특히 이 미륵보살상은 일반적인 미륵보살상과 달리 입상의 형태로 관음보살처럼 보관에 화불이 표현되어 있어 매우 독특한 도상으로 꼽히며, 미륵보살 및 미륵신앙의 비중이 커졌음을 짐작하게 한다.

이 조상기에 따르면 발원자 김지성(김지전)의 관등은 중아찬으로 그가 6두품임을 알 수 있으며, 그가 <유가사지론>뿐 아니라 <도

덕경>, <장자> 등도 읽었다고 하므로 김지성 개인의 사상과 행적 연구뿐 아니라 6두품을 비롯한 신라의 골품제 및 중위제(重位制) 연구에도 중요한 자료가 된다.

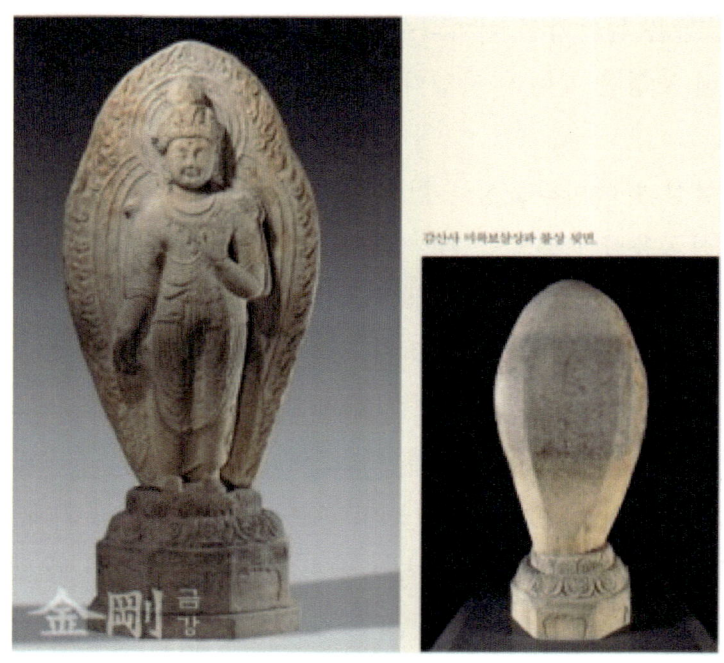

감산사 미륵보살상과 불상뒷면 ⓒ금강신문

미륵보살입상의 광배 뒷면의 381자 조성기 원문 (표점문) 일부와 해석

開元七年己未二月十五日, 重阿飡金志誠, 奉爲亡考仁章一吉飡·亡妣觀肖里, 敬造甘山寺 一所·石阿彌陀像一軀·石彌勒像一軀. 盖聞至道玄微, 不生不滅, 能仁眞寂, 無去無來. 所以顯法應之三身, 隨機拯濟, 表天師之十號, 有願咸成.

弟子志誠, 生於聖世, 歷任榮班, 無智略以匡時, 僅免罪於刑憲. 性諧山水, 慕莊老之逍遙, 志重眞宗, 希無著之玄寂. 年六十有七, 致王事於清朝, 遂歸田於閒野, 披閱五千言之道德, 弃名位而入玄, 窮研十七地之法門, 壞色空而俱滅. 尋復降旌命於草廬, 典邇都之劇務, 雖在官而染俗, 塵外之心無捨, 磬志誠之資業, 建甘山之伽藍. 伏願以此微誠, 上資國主大王, 履千年之遐壽, 延萬福之鴻休, 愷元伊飡公, 出有漏之囂埃, 證无生之妙果 弟良誠小舍, 玄度師, 姉古巴里, 前妻古老里, 後妻阿好里, 兼庶兄及漢一吉飡, 一憧薩飡, 聰敬大舍, 妹首肹買里, 及无邊法界一切衆生, 同出塵, 咸登十號. 有盡此願, 无窮劫石已消, 无求不果, 有願咸成, 如有順此心願者, 庶同營其善因也. 亡妣官肖里夫人, 年六十六, 古人成之, 東海欣支邊散之.

개원(開元) 7년 기미년(719) 2월 15일에 중아찬 김지성(金志誠)은 돌아가신 아버지 인장(仁章) 일길찬(一吉飡)과 돌아가신 어머니 관초리(觀肖里)를 위하여 감산사 한 곳에 석조 아미타상 1구와 석조 미륵상 1구를 삼가 조성하였다.

대개 들건대 지극한 도는 그윽하고 미묘하여 생기지도 않고 없어지지도 않으며 능인(能仁:부처)은 진적(眞寂)하여 가고 옴이 없다고 한다. 이런 까닭에 현신·법신·응신의 삼신불(三身佛)은 근기에 따라 '중생을' 제도하여 천사(天師)의 열 가지 칭호를 나타내어 소원이 있으면 모두 이루어졌다.

제자(불 제자) 지성은 태평성대에 태어나 영화로운 관직을 역임하였으나 지략도 없어 세상을 바로잡으려다 겨우 형(刑)과 법에 걸리는 것을 면하였다. 성품은 산수를 좋아하여 (산수와 어우러져)

장자·노자의 유유자적함을 사모하였고, 뜻은 진종(眞宗, 불교)을 중히 여겨 무착(無著)의 그윽하고 고요함을 희구하였다. 나이 67세에 조정에서 임금이 맡긴 일을 사퇴하고 드디어 한적한 전원으로 돌아가 오천언(五千言)의 <도덕경>을 읽으며 명예와 지위를 버리고 현묘한 진리의 세계에 들어가 17지(地)의 유가법문을 깊이 연구하여 색(色)과 공(空)이 무너지고 모두 멸함을 알았다. 다시 초려에 왕명을 내리니 도성 가까이에서 바쁜 직무를 맡았다. 비록 관직에 있어 세속에 물들었지만 세간 밖에 둔 마음을 버리지 못해 지성의 재산을 다 바쳐 감산의 가람을 세웠다.

엎드려 바라건대 이 작은 정성으로 위로는 국주대왕(國主大王)께서 천 년의 장수를 누리시고 만복의 기쁨을 맞아들이시는 것을 돕고, 개원(愷元)이찬공(伊湌公)은 번뇌의 세속사를 벗어나 태어남이 없는 묘과를 증득하고, 동생 양성(良誠) 소사(小舍), 현도사(玄度師), 누나 고파리(古巴里), 전처 고노리(古老里), 후처 아호리(阿好里)와 둘째 형[庶兄] 급한(及漢) 일길찬(一吉湌), 일동(一憧) 살찬(薩湌), 총경(聰敬) 대사(大舍), 누이 수힐매리(首肹買里) 그리고 끝없는 법계의 일체 중생에게 미쳐 함께 육도(六道)에서 벗어나 부처의 경지에 오르게 하옵소서. 비록 정성스러운 다함이 있어도 이 소원은 무궁하여, 겁(劫에) 돌이 이미 닳아 없어지더라도(석불의) 존용은 쇠하지 아니할 것이다. 구하면 과보를 얻지 아니함이 없고, 소원이 있으면 다 이루어질 것이다. 만일 이 마음의 서원에 따르는 자가 있을 것 같으면 모두 함께 그 선인(善因)을 짓기 바란다.

돌아가신 어머니 관초리(官肖里) 부인은 나이 66세에 고인이 되어 동해 바닷가에 '유골'을 흩뿌렸다.

경주 감산사 석조아미타여래입상 조상기 (慶州 甘山寺 石造阿彌陀如來立像 造像記) 경주시 외동읍 앞등길 감산사 터에서 출토되어 국립중앙박물관이 소장하고 있다. 720년(신라 성덕왕 19년)에 조성되었으며 총 높이 275cm, 불신 174.5cm, 광배 높이 206cm, 광배 너비 109.1cm , 대좌 높이 85cm의 입상이다.

「경주 감산사 석조아미타여래입상(慶州 甘山寺 石造阿彌陀如來立像)」은 1915년 조선총독부의 경주 일대 고적 조사 과정에서 월성군 내동면 신계리(현 경주시 외동읍)의 감산사 터에서 미륵보살상과 함께 발견되어 경복궁으로 옮겨졌으며, 지금까지 국립중앙박물관에 소장·전시되고 있다. 국보 제82호이다.

이 아미타여래입상의 광배 뒷면에는 391자의 조상기가 새겨져 있다. 조상기 내용에 따르면 중아찬 김지전(김지성)은 67세에 관직에서 물러나 성덕왕 18년(719)에 국왕과 이찬 개원공, 돌아가신 부모님, 가족 등의 복을 빌기 위해 감산사를 창건하고 미륵보살상과 아미타불상을 조성하였다고 한다. 아미타입상은 통견의 옷 주름이 가슴에서 배까지 타원형 호를 그리며 내려가고, 그 즈름이 두 다리를 따라 갈라져 각기 타원형을 그린다. 이러한 형식은 이전에 볼 수 없었던 새로운 양식으로 이해되고 있다.

불상의 얼굴은 풍만하고 원만한 인상을 준다. 눈, 코, 입의 표현이 매우 세련되고 사실적이며, 신라인의 모습을 이상적으로 묘사했다는 평을 받고있다. 자비로운 미소를 머금은 듯한 온화한 표정이 특징이다. 신체는 비교적 두꺼운 법의(法衣) 속에 싸여 있어 가슴이나 몸매의 윤곽이 두드러지게 드러나지는 않는다. 그럼에도 불구하고 당당하고 위엄이 넘치는 모습에서, 부처님의 위엄을 인간적인 아름다움으로 표현하고자 한 당시 신라 조각가들의 의도를 엿볼 수 있다.

양 어깨를 감싸고 흘러내린 법의는 몸 전체를 감싸면서 유려한 U자형의 옷 주름을 형성하고 있다. 특히 목 부분에는 옷깃이 한 번 뒤집혀서 표현되어 있는데, 이는 당시 신라 불상에서 흔히 나타나는 특징 중 하나이며, 불상 전체에 입체감과 생동감을 더하는 요소가 된다. 불신(佛身) 뒤의 광배는 마치 배(舟) 모양과 같이 생겼으며, 가장자리에는 활활 타오르는 거신광(巨身光/擧身光)이 섬세하게 새겨져 있다.

광배 안쪽에는 세 줄의 돋을새김 선을 통해 두광과 신광을 구분하고 있으며, 신광 안에는 아름다운 꽃무늬가 장식되어 있다. 불상이 서 있는 대좌는 맨 아래 부분이 팔각(八角)으로 안상(眼象)이 새겨져있고, 그 위에는 복련(覆蓮)과 앙련(仰蓮)이 간략하면서도 시원하게 새겨져 있다. 이 불상은 통일신라시대의 이상적 사실주의 양식을 보여주는 가장 대표적인 예로 꼽힌다.

아미타여래입상의 광배 뒷면 391자 조성기 원문(표점문:현대적 문장부호 넣음) 일부와 해석

若夫至道者, 不生不滅, 猶表跡於周宵, 能仁者若去若來, 尙流形於漢夢. 濫觴肇自西域, 傳燈及至東土, 遂乃佛日之影奄日域以照臨. 貝葉之文越浿川而啓發. **龍宮錯峙鴈塔騈羅**, 舍衛之境在斯, 極樂之邦密爾.

有重阿湌金志全, 誕靈河岳, 降德星辰, **性叶雲霞**, 情友山水. 蘊賢材而命代, 懷智略以佐時. 朝鳳闕而銜綸則授尙舍奉御. **遂雞林而曳綬則任執事侍郎.**

年六十七懸車致仕, **避世閑居侔四皓之高尙**, 辭榮養性同兩疎之見機. 仰慕無著眞宗 時時讀瑜伽之論, 兼愛莊周玄道, 日日覽逍遙之篇. 以爲報德慈親莫如十號之力, 酬恩聖主無過三寶之因. 故奉爲國主大王・伊湌愷元公・亡考・亡妣・亡弟・小舍梁誠・沙門玄度・亡妻古路里・亡妹古寶里, 又爲妻阿好里等, 捨其甘山莊田建此伽藍, 仍造石阿彌陀像一軀. 伏願託此微因超昇彼岸, 四生六道並證菩提.

開元七年歲在己未二月十五日, 奈麻聰撰奉教, 沙門釋京融・亡考仁章一吉湌, 年卌七古人成之, 東海欣支邊散也. 後代追愛人者, 此善助在哉.

金志全重阿湌, 敬生已前, 此善業造.

 무릇 지극한 도는 생기지도 않고 멸하지도 않지만 오히려 주(周)나라 때 자취를 드러내었고, 부처[能仁]는 가는 듯하고 오는 듯 하지만 일찍이 한(漢)나라 명제(明帝)의 꿈에 모습을 나타내었다. '불교의' 기원은 서역에서 '불법의' 등불이 전해져 동방에 이르렀고, 마침내 이에 불일(佛日)의 그림자가 해 뜨는 땅을 덮어 비추었다. 패엽(貝葉)의 경문이 패수(浿水)를 넘어 '신라를' 일깨워, 용궁 같은 절들이 우뚝우뚝 솟고 기러기처럼 탑이 줄지어 늘어서 있으니, 사위성(舍衛城)의 경계가 여기에 있고 극락의 땅에 가깝다. 중아찬 김지전(金志全)은 신령스러운 산천의 기운으로 태어났으며 성신(星辰)이 내린 덕을 받아 성품은 구름과 노을에 맞고 정은 산수와 벗하였다. 현명한 자질을 갖추어 명(命)을 이어받았고 지략을 품어서 시정(時政)을 보좌하니 대궐에 나아가 경륜을 쌓아 곧 상사(尙舍)에 제수되어 어명을 받들었다. 계림에 머물며 인수(印綬)를 이끄니 집사시랑을 역임하였다.

나이 67세에 벼슬을 버리고 물러나 세간을 피해 한적한 곳에 거처하니 사호(四皓)의 고상함과 같았고, 영화를 버리고 성품을 기르니 양소(兩疏)가 물러날 때를 안 것과 같았다. 무착(無著)의 진종(眞宗, 불교)을 우러러 사모하여 때때로 『유가론』을 읽고 겸하여 장자[莊周]의 그윽한 도를 사랑하여 날마다 「소요편」을 열람하였다. 자애로운 부모 은덕에 보답하는 것은 십호(十號, 부처)의 힘 만한 것이 없고, 성스러운 임금의 은혜에 보답함은 삼보(三寶)의 인연을 능가하는 것이 없다고 여겼다. 그러므로 국주대왕과 이찬(伊湌) 개원공(愷元公), 돌아가신 아버지, 돌아가신 어머니, 죽은 동생 소사(小舍) 양성(梁誠), 사문(沙門) 현도(玄度), 죽은 처 고로리(古路里), 죽은 여동생 고보리(古寶里), 또 처 아호리(阿好里) 등을 위해 그 감산장전을 희사하여 이 가람을 세웠다. 이에 석조 아미타상 1구를 만드니, 엎드려 바라건대 이 작은 인연이 피안에까지 넘어가 사생(四生)과 육도(六道)의 중생 모두가 보리를 증득하게 하소서.

개원 7년(719) 기미년 2월 15일에 내마(奈麻) 총(聰)이 교(敎)

를 받들어 지었고 사문 석경융(釋京融) 대사 김취원(金驟源)이 받들었다. 돌아가신 아버지 인장 일길찬이 나이 47세에 고인이 됨에 동해 바윗가에 유골을 흩뿌렸다. 후대에 추모하고 그리워하는 자는 이 선업의 도움이 있으리라. 김지전 중아찬은 삼가 생전에 이 선업을 받들었으며, 69세 경신년 4월 22일에 서거하였다.

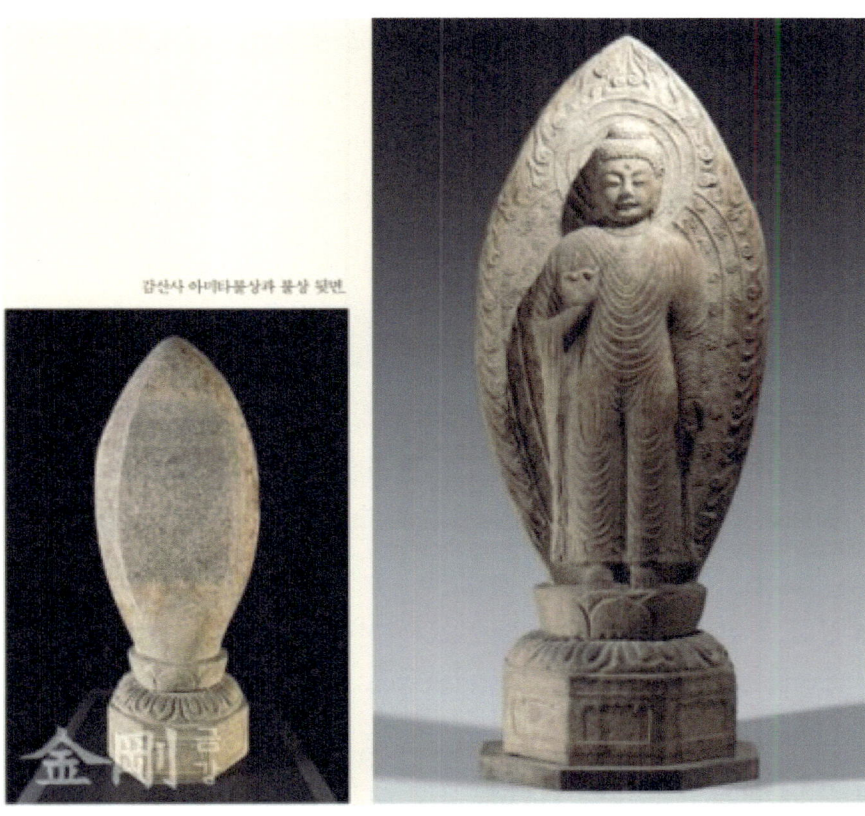

감산사 아미타불상과 불상뒷면 ⓒ금강신문

감산사 두 불상의 미술사적, 역사적 가치

이 두 불상은 8세기 초 통일신라 불상 양식의 절정을 보여준다.

얼굴의 부드러움, 유려한 옷 주름, 사실적이면서도 이상적인 신체 표현 등은 당시 신라 조각가들의 뛰어난 예술적 역량을 증명한다. 특히 중국 당나라의 양식을 수용하면서도 신라만의 독자적인 아름다움을 창출해 낸 점이 높이 평가된다.

불상 뒷면에 새겨진 명문은 단순히 불상의 조성 시기와 목적을 넘어, 당시 신라의 정치, 사회, 문화, 그리고 개인의 신앙생활을 구체적으로 알려주는 매우 귀중한 사료이다. 특히 이 명문은 6두품 출신인 김지성의 사상과 행적, 그리고 당시 유행했던 법상종(法相宗)의 신앙을 구체적으로 보여주는 자료라는 점에서 더욱 큰 의미를 가진다.

한 인물이 부모를 위해 아미타불과 미륵보살을 동시에 조성했다는 점은 당시 신라 사회에서 아미타 신앙(내세 구원)과 미륵 신앙(미래 구원)이 모두 중요한 역할을 했음을 보여주며, 이는 신라 불교의 다면성을 이해하는 데 중요한 단서를 제공한다.

감산사와 이곳에서 출토된 두 불상은 신라 시대의 여러 면모를 종합적으로 이해하는 데 중요한 단서들을 제공한다. 감산사 불상들은 삼국시대 불상 양식에서 통일신라 불상 양식으로 넘어가는 과도기적이면서도 완벽한 형태를 보여준다. 특히 당나라 양식의 영향을 받으면서도 신라 고유의 부드럽고 현실적인 조형미를 잃지 않았다는 점에서 신라 미술의 독자성과 우수성을 잘 보여주는 것이다. 이는 8세기 초의 불상 제작 기준을 제시하는 표준 유물이기도 하다.

김지성의 불상 조성은 신라 사회에서 불교가 왕실과 귀족을 넘어 개인의 효심과 구복(求福)을 위한 중요한 신앙으로 깊이 뿌리내렸음을 보여준다. 특히 당시 성행했던 아미타 정토신앙과 미륵 신앙의 복합적인 양상을 명확히 보여주는 유일무이한 유물이라 할 수 있다.

 불상의 명문은 김지성이라는 인물의 삶의 궤적을 상세히 기록하고 있다. 그는 "자신이 일찍이 집안이 번성하여 높은 벼슬을 얻고 영화로운 삶을 누렸지만, 한편으로는 죽을 고비를 넘기며 여러 어려움을 겪었다"고 고백하고 있다. 그가 아버지와 어머니를 위해 불상을 조성한 것이 단순히 효심뿐만 아니라, 자신을 보호해준 불교의 은덕에 보답하고 자신의 업장(業障)을 소멸하려는 의지도 있었음을 엿볼 수 있다. 이러한 기록은 신라 시대 한 개인의 내면세계와 종교적 고뇌를 생생하게 보여주는 중요한 사료이다.

현재 감산사 종무소 지성당(志誠堂) ⓒ남재칠

감산사는 이제 터만 남은 폐사지이지만, 이곳에서 발견된 귀중한 문화유산 덕분에 폐사지 연구의 중요성이 강조된다. 수많은 신라의 사찰들이 사라진 지금, 감산사는 한때 번성했던 신라 불교의 실체를 엿볼 수 있는 창문 역할을 하고 있다.

감산사는 창건 당시의 영광을 뒤로하고 언젠가부터 역사의 뒤안길로 사라졌다. 하지만 20세기 초, 두 불상이 세상에 드러나면서 감산사는 다시금 빛을 발하게 되었다.

현재 국립중앙박물관에 소장 되어있는 감산사 불상들은 박물관을 찾는 수 많은 관람객들에게 통일신라 불교미술의 아름다움과 김지성의 효심 깊은 이야기를 전달하고 있다. 불상들이 박물관에 전시되면서 훨씬 더 많은 사람이 안전하게 이 유산들을 감상하고 연구할 수 있게 되었다. 감산사의 두 불상인 아미타불과 미륵보살에 새겨진 불상의 명문은 오늘날까지도 많은 학자들의 연구 대상이 되고 있다. 이를 통해 통일신라 시대의 사회, 종교, 문화는 물론 고대한국어 연구에도 중요한 단서를 제공하고 있다. 불상에 담긴 '장법(葬法)'에 대한 내용도 언급되어 있어, 당시의 장례 문화 연구에도 귀한 자료로 기여하는 점이 크다고 볼 수 있다.

비록 감산사는 그 절 모습이 대부분 사라진 사찰이지만, 그 불상들은 신라가 불교를 중심으로 얼마나 찬란한 문화를 꽃피웠는지를 보여주는 상징적인 유물이 되었다. 특히 불상의 연대가 719년으로 명확히 밝혀진 덕분에, 이 불상들이 통일신라 불상의 제작 연대 기준점이 되고, 후대 불상의 양식 연구에 큰 영향을 미치게 되었다.

 지금은 서울 국립중앙박물관에 자리하여 우리에게 신라 불교 미술의 정수를 보여주고 있는 감산사 불상들과 시간을 넘어 빛나는 신라의 혼(魂)은 시대를 초월하여 김지성의 깊은 효심과 신라의 빛나는 문화를 오늘날까지 전달하며, 우리에게 역사의 소중함을 다시 한번 일깨워주고 있다.

감산사 터와 현재의 남월산 감산사 ⓒ남재칠

07. 석굴암(石窟菴) — 빛으로 완성된 불국의 마음

김동수

석굴암과 만나다

경주 남산과 토함산을 운동 삼아 수없이 올랐다. 내가 흘리는 땀과 불어오는 상쾌한 바람이 좋았고, 산에서 내려오면 같이 간 사람들과 파전에 막걸리 한 잔을 놓고 주고받는 대화가 좋았다. 우리가 지나가는 길마다 탑이 있었고 불상이 있었다. 그러나 그때는 큰 의미를 두지 않은 그저 산행의 한 코스 정도로만 생각했다.

2023년, 지인의 소개로 뜻하지 않게 경주박물관 대학에 다니게 되었다. 신라 역사를 배우고, 매주 일요일 현장으로 문화재 답사를 할 때마다 교수님들이 하나씩 설명을 해주셨지만, 사실 머릿속에 남는 것은 별로 없었다. 3년째 반복적인 강의를 듣고 답사를 다니다 보니 이제야 경주 문화유산이 조금씩 보이게 되었다.

이제 경주 박물관대학 3년이 마무리되는 시점에 왔다. 어느 날, 한 선생님의 제안으로, 우리들이 보고 들은 것을 기록으로 남겨보기로 했다. 처음에는 선뜻 용기가 나지 않아 망설이던 차에 지나온 답사지를 다시 돌아보기로 했다. 그렇게 석굴암을 다시 보기 시작하게 된 것이다.

석굴암은 1995년 12월 유네스코 세계문화유산에 등재되었다. 이제 석굴암은 '동아시아 불교 미술의 걸작이자, 종교적 신념과 과

학기술이 조화롭게 융합된 위대한 예술품'으로 온 세계인이 보존
해야 할 보편적 가치를 지닌 세계유산이 된 것이다.

세계유산 표지석 ⓒ김동수

유네스코 세계유산임을 알리는 표지석과 '토함산 석굴암(吐含山
石窟庵)'이라는 현판이 달린 석굴암 입구에 들어서면 나도 모르
게 경건해진다. 경주 토박이로서, 삶의 터전처럼 여겼던 이곳이 인
류 전체가 보호해야 할 유산으로 공인되었다는 사실은 내게 남다
른 의미로 다가왔다.

토함산 석굴암 입구 ©김동수

상쾌한 공기가 토함산 자락을 감도는 아침 석굴암으로 향하는 나의 발걸음은 평소와는 사뭇 달랐다. 오래전 이곳에 석불(石佛)을 새긴 조상의 마음은 어떤 것이었을까? 1300년 전, 석굴암으로 이어지는 이 길은 속세의 번뇌를 내려놓고 깨달음의 경지로 나아가는 부처의 길이었을 것이다. 지금 나는 그 길 위에 단순한 관광객이 아닌, 지난 3년간의 배움과 인연의 무게를 갖고 석굴암으로 향하는 새로운 여정을 시작하려고 한다.

'석굴암은 당시 재상이었던 김대성(?~774)이 부모의 장수와 국가의 안녕을 위해 경덕왕 10년(751)에 창건하기 시작해서 혜공왕 10년(774)에 완공했다고 한다. 처음 석굴암을 건립할 당시에는 석불사(石佛寺)라 불렀다. 그러나 김대성의 생전에 완공하지 못하자 조정에서 완공했다고 전해진다. 경덕왕(723~765, 재위 742~765)의 재위는 통일신라의 불교 예술이 전성기를 이루던 시기로 이때 만들어진 문화유산에는 석굴암을 비롯해 불국사, 다보탑, 석가탑 등이 있다.' 그동안 배운 것을 떠올리며 석굴암 가는 길로 들어섰다.

석굴암 가는 길은 잘 다듬어진 신작로로, 한여름에 걸어도 아주 시원하고 좋은 길이다. 그래서 나는 이 길을 걷는 것을 좋아한다. 그러나 이 길은 일제강점기 때 석굴암을 일본으로 밀반출하기 위해 만들어진 것이라는 유래를 듣고 나면 조금 서글퍼진다. 불행인지 다행인지 모르겠으나 당시 일제는 어차피 식민지였던 조선의 문화유산도 자국의 것이라 믿고 그 만행을 중지했다고 하니 말이다.

석굴암 가는 길 ⓒ김동수

　석굴암에 들어서니 해설사의 목소리가 들려왔다. "석굴암은 자연석을 다듬어 조립한 인공 석굴입니다. 인도의 석굴 사원을 모방한 듯 보이지만, 당시 신라인들의 뛰어난 석공의 기술과 지혜가 집약된 독창적인 건축물입니다."라는 해설사의 안내도 단순하게 넘길 수 없었다.

　석굴암이 오랜 시간 동안 우리 역사에서 잊혀져 있었던 것 때문에 웃지 못할 일화가 있다. 1907년, 우편배달부 우치다라는 일본인이 우연한 기회에 숲속에서 석실을 발견하여 석굴암이 세상에 처음 알려지게 되었다는 황당한 주장이 그것이다. 물론 대한제국 말기의 어수선한 시기에 석굴암이 많이 알려지지 않은 것은 사실이었을 것이다. 그러나 석굴암이 마치 그전에는 없었다가 우치다라는 사람이 처음 보기나 한 것처럼 알려진 것은 참 씁쓸한 이야기일 수밖에 없다.

이미 석굴암은 오랜 시간 우리 선조들에게 그 존재가 알려져 왔고, <불국사고금창기(佛國寺古今創記)>에는 조선 숙종과 영조대에 이르러 석굴암을 중수한 기록이 있다. 1688년(숙종 14) 5월, 당시 정시한(丁時翰)이 쓴 <산중일기(山中日記)>에 그가 찾았던 석굴암의 석상과 형태를 자세히 기록했고, 심지어 정시한은 그 일기에 '마치 불상이 살아있는 것같다'고 썼다.

그런 사실에도 불구하고 일제는 위대한 석굴암을 자기들이 발견한 것이라 속이는 것에 그치지 않고, 석굴암을 훼손해 자기 나라로 밀반출하려는 시도로까지 이어졌으니 그 만행은 가히 어디까지였는지 짐작하기 어렵다. 지금도 석굴암에 오르는 길에는 일제강점기 당시 석굴암을 밀반출하려던 잔재들이 널브러진 채 놓여 있어 석굴암을 찾는 방문객들의 마음을 씁쓸하게 하고 있기 때문이다.

석굴암의 웅장함에 놀라다

석굴암 입구에 다다르자, 서늘한 공기와 함께 엄숙한 기운이 나를 감쌌다. 입구에 속하는 전실에는 팔부신중상(八部神衆像)과 금강역사상(金剛力士像)을 좌우에 조각해 두었다. 박물관대학에서 배운 대로, 팔부신중은 석가모니의 설법을 듣고 불법을 수호하는 여덟 신장으로, 각기 다른 무기를 들고 다양한 표정을 짓고 있었다. 힘과 위엄이 느껴지는 금강역사는 전각의 수호신으로서 석굴암 내부의 신성함을 지키고 있었다.

고(故) 한석홍의 석굴암 전경 ©국가유산청 국가유산포털

다음으로 마주한 것은 사천왕상(四天王像)이었다. 동서남북을 관장하는 네 명의 수호신은 갑옷을 입고 악귀를 밟고 서서 불국토를 지키는 모습이 생생했다. 단순히 조각상으로 보였던 이들이 이제는 불교 세계관을 이해하는 중요한 단서이자, 1,300년 전 신라의 예술가들이 불국토의 이상을 얼마나 치밀하게 구현하고자 했는지

를 보여주는 증거로 다가왔다. 마침내 주실에 들어서자, 시선은 자연스럽게 본존불에게로 향했다.

석굴암 본존불 ⓒ김동수

본존불의 단아하고 자비로운 모습은 그 자체로 평화였다. 특히 박물관대학에서 배운 본존불의 과학적인 비례와 조화를 눈으로 직접 확인한 순간은 놀라움 그 자체였다.

본존불의 완벽한 좌우 대칭과 기하학적 균형은 그 어떤 첨단 기기보다 정교하게 느껴졌다. 본존불은 완벽한 기하학적 원리로 만들어졌다. 원(圓)과 사각형(四角形)의 조화는 물론, 얼굴 폭과 눈썹 사이 간격, 무릎의 폭과 어깨의 폭 등 모든 부분이 수학적 비례, 특히 황금비율을 따르고 있었다. 이는 불교적 이상을 가장 완벽하고 아름다운 형태로 구현하려는 신라인들의 지혜와 예술혼을 보여준다.

"본존불의 코를 기준으로 오른쪽으로 두 걸음, 뒤로 세 걸음 가서 서면 본존불과 시선이 정확히 마주치는 지점이 있다. 석굴암의 모든 조각은 완벽한 위치에 자리해야만 이와 같은 경이로운 경험을 선사하는 것이었다. 그 말을 듣고 직접 해 본 동기들의 감탄사를 들을 때마다, 나는 이 위대한 문화유산의 매력에 더 빠졌다

본존불 좌우의 보살상과 제자 상들도 그냥 지나칠 수 없었다. 본존불 뒤 벽에 조각된 십일면관음보살상(十一面觀音菩薩像)은 석굴암 안에서 가장 정교하게 조각된 것이라 정평이 나 있다. 십일면 관음보살상은 열한 개의 얼굴을 가진 자비의 화신으로, 중생을 구제하려는 간절한 염원이 느껴졌다. 그 좌우에 있는 열 명의 나한상 (羅漢像)은 각기 다른 표정과 자세를 통해 깨달음에 이르는 다양한 인간 군상의 고뇌를 표현하고 있었다. 박물관대학에서 배운 석굴암의 건축 공법은 더욱 경이로웠다. 자연석을 깎아 조립한 돔 형태의 천장, 그 위에 쌓아 올린 흙과 모래층은 습기와 온도 조절을 가능하게 했으며, 돔 아래의 정교한 배수로 시스템은 외부 습기가 내부로 스며드는 것을 막았다.

비록 일제 강점기와 해방 이후의 잘못된 콘크리트 보수 공사로 인해 원형이 훼손되고 습기 문제가 발생했지만, 그 속에서도 석굴암이 천년 넘게 버텨온 것은 김대성과 신라인들의 뛰어난 건축기술 덕분이었음을 알게 되었다. 역사적 유물 보존에 있어 작은 오류가 얼마나 치명적인지 뼈저리게 느끼는 부분이었다. 토함산의 안개와 이슬이 석굴암 내부로 스며들지 않도록 설계된 과학적 구조는 고대 건축기술의 정수(精髓)였다.

옛 어르신들은 석굴암 주변에 늘 신비한 기운과 안개가 서려 있었다고 말씀하시곤 했다. 이러한 자연적 습기 조절 시스템이 콘크리트 보수 공사로 인해 무너지면서, 결로와 습기 문제가 심각해졌다는 사실은 인간의 오만함이 빚어낸 비극이라 할 수 있다.

경주박물관 '신라미술관'에 들어서면 입구 오른쪽 벽면에 석굴암에 있는 실물 크기의 보살상을 만날 수 있다. 이 보살들은 일제 강점기 때 일본인 학자들이 석굴암 보살들을 탁본한 자료에 의해 만들어진 실물 크기의 보살들이다.

가운데 십일면 보살상을 중심으로 문수보살과 보현보살이 양쪽에 서고, 다시 제석천과 범천이 서 있다. 일제 강점기 당시 세키노 타다시(일본건축계의 거물)는 석굴암을 일러 '동양의 두기'라고 할 정도로 감탄했다고 한다.

현재 석굴암에 가면 본존불은 유리벽 안에 모셔진 채 관람객을 맞고 있다. 이는 내부공개 관람을 하면 항온(恒溫)과 항습(恒濕) 등의 문제로 보존이 우려되어 1976년부터 취해진 조치라고 하니 아쉽지만 유리벽 너머에 계신 부처님을 뵐 수 있다는 것만으로도 감사할 뿐이다.

석굴암의 또 다른 보물, 삼층석탑

석굴암의 장엄함에 가려 많은 이들이 잘 알지 못하는 석굴암에는 또 다른 숨어있는 보물이 있다. 석굴암 삼층석탑(보물 제911호)으로, 이 석탑은 원과 사각, 팔각이 잘 어울어져 있어 신라 석탑의 아름다움을 보여준다. 통일신라 석탑에서 볼 수 없는 이 탑의 가장 큰 매력은 기단부에서 시작된다.

경주 석굴암 삼층석탑 ©국가유산청 국립문화재연구소

일반적으로 사각형을 한 석탑의 기단과 달리 이 탑은 원형의 지대석 위에 팔각원당형 기단이 얹혀 있다. 둥근 원과 각진 팔각형이 기묘하면서도 아름다운 조화를 이룬다. 석굴암 본존불의 압도적인 미소와 신비로운 공간에 매료된 관람객들이 내려오는 길 끝에 독특한 자태의 석탑이 홀로 서 있지만 놓치기 쉽다.

 가까이 다가가 살펴보면 큼직한 원형 지대석 위에 올려진 하층 기단은 팔각형이며, 각 면에는 모서리 기둥이 새겨져 있다. 상층 기단 역시 팔각형으로 이중의 팔각 기단이 다른 탑에서는 보기 드문 특이한 형태로 알려져 있다. 탑신은 1층부터 3층까지 모두 사각형(방형)이다. 1층 몸신은 매우 높은데 2층과 3층은 1층 몸신을 합해 놓은 것같다. 그래서인지 탑의 전체적인 분위기는 조화로워 보인다. 원과 팔각의 기단부에서 사각의 탑신부를 이루는 이형탑(異形塔)은 용장사지 삼륜대좌불과 운주사 석탑 이외에는 보기 드문 것이라고 한다.

 석굴암 삼층석탑은 신라 석탑의 전성기에 세워졌으면서도, 당시 유행하던 양식을 벗어난 독특한 조형미를 보여준다. 이 탑의 기단 양식의 유래는 명확히 밝혀지지 않았다고 하는데 어쩌면 석굴암 자체가 보여주는 완벽한 과학적 배치와 종교적 이상향처럼, 이 탑 역시 단순한 구조물 이상의 심오한 철학을 담고 있는 것은 아닐까? 석굴암에 가면 석굴암 삼층석탑을 만나 숨겨진 보물을 발견하는 답사의 묘미를 느껴보기 바란다.

석굴암(石窟庵) 석불도(石佛圖) 안내표지판 ⓒ김동수

경주 박물관대학에서 맺은 소중한 인연들과 얻은 지식을 통해 석굴암의 진정한 가치와 석굴암 삼층석탑의 원형(原形)을 벗어난 파격미를 느껴보는 것도 좋지 않을까 생각한다.

가을 햇살 아래 석굴암을 되돌아보며, 이 위대한 문화유산이 앞으로도 영원히 빛나기를 간절히 바라는 마음이다. 소중한 우리의 문화유산은 자손 대대로 물려주어야 할 과제이기 때문이다. 다시금 석굴암 안내도를 돌아보고 석굴암을 나섰다.

3장. 길 위의 사유, 우리들의 이야기

 경주 박물관대학에 다닌 지 3년째이다. 그동안 1300여 년 전 신라 사람들은 어떻게 살았는지 그 삶의 현장을 돌아보며 참 많은 이야기를 듣고, 보고, 느껴왔다. 어떤 사람은 그곳에서 전허오는 이야기에 눈물짓기도 했고, 또 어떤 사람은 우리가 놓친 역사의 위대함을 찾기도 했다. 또 누군가는 어릴 때 추억을 떠올리며 현재의 자신을 돌아보는 계기도 되었다고 말한다. 똑같은 현장을 보아도 그 속에 녹아있는 선인들의 이야기는 각자의 경험과 합쳐지며 새롭게 재탄생한다.

 E.H. 카는 그의 저서 <역사란 무엇인가>에서 역사는 "현재와 과거 사이의 끊임 없는 대화"로 역사는 단순히 과거 사실만을 기록하는 것이 아니며, 과거를 통해 현재를 이해하는 것이라 말했다. 그래서 역사는 그 역사를 보는 사람의 관점에 따라 주관적인 해석이 담기는 그릇이 될 수 있다는 것이다. 객관적인 사실을 놓고 역사가의 주관적인 통찰이 들어가면 그 생활상을 보는 시각은 또 다르게 펼쳐질 수 있다는 이야기일 것이다. 하물며 우리는 역사를 전공한 역사가가 아니다. 그래서 우리는 통사적인 역사를 보는 시선은 부족할 수밖에 없다. 그저 각자의 시선으로 바라본 답사 현장의 이야기를 자신의 이야기로 풀어내기로 했다.

 이번 3장에서는 자신에게 가장 감명 깊게 다가온 유적지 답사 이야기로, 실크로드의 출발점인 시안(西安)에서 신라를 생각하기도 했고, 월정교와 경주향교 이야기를 들려주기도 했다. 2025년 7월,

세계문화유산에 등재된 반구천 암각화를 보며 당시의 생활상을 떠올리기도 했으며, 삼국통일의 대업을 이루고도 죽어서까지 신라를 지키려는 부왕의 뜻을 기려 그 과업을 이어가는 왕의 고뇌를 들여다보기도 했다. 또 이웃 나라 왕들의 휴양지지만 우리의 역사와 관련이 있는 열하(熱河)를 돌아본 소감을 재미있게 풀어내기도 하고, 신라 문화의 본질을 찾아 서악(西岳)을 탐구했으며, 경주 남산에 서린 이야기를 쫓아 밤새웠던 경험도 펼쳐놓았다.

그렇게 경주와 신라 이야기를 넘어 이웃 나라 이야기 속에서 우리 역사를 듣고, 그 너머에 있는 이야기를 상상해 보기도 했다. 이제 7인 7색의 이야기를 따라 그 역사의 답사 현장을 돌아보기로 하자.

01. 실크로드의 관문, 시안(西岸)에서 만난 신라의 흔적

양홍숙

천년 여정의 출발

지난 삼십여 년, 내 이름 앞에는 늘 '누군가의 아내' 혹은 '아이들의 엄마'라는 수식어가 붙었다. 내 여행 가방은 가족들의 옷가지로 채워졌고, 내 일정표는 아이들의 학원 시간표를 다라 움직였다.

'나'를 위한 시간은 사치였다. 그런 내게 아이들이 떠난 자리는 공허함으로 가득했다. 우연히 선배를 따라 참여한 답사에서 경주박물관대학을 알게 되었다. 그렇게 해서 발을 들여놓은 '경주 박물관대학'을 통해 나만을 위한 새로운 여정을 시작하면서 각기 다른 삶을 살아온 동기 선생님들과 함께 하는 공부나 답사는 내게 그 이상의 의미를 주었다.

기초반 1년을 마치고 연구반 1년 차 시절 48기 동기회에서 추진된 해외 답사 여행을 떠나게 되었다. 목적지는 실크로드의 동쪽 출발점이자 고대 중국의 수도였던 시안으로, 웅장한 역사와 깊은 이야기를 알아보기 위함이었다.

시안(西安)공항 전경 ⓒ양홍숙

비행기 창밖으로 내려다보이는 구름은 마치 나의 지난 세월과 같았다. 무겁게 짓누르던 책임감이라는 짐을 내려놓고, 그저 맑고 가벼운 마음으로 나 자신을 위한 여정에 올랐다. 이 답사기는 켜켜이 쌓인 세월의 먼지를 털어내고, 잊고 지냈던 '나'를 찾아 떠난 한 50대 주부의 용기이자, 경주 박물관대학 기초반 48기 선생님들과의 빛나는 우정 이야기이다.

2024년 10월 2일 저녁, 부산 김해공항을 출발하여 다음날 새벽에 시안(西安)에 도착했다. 중국 공안의 긴~~검색을 마치고 숙소로 이동했다,

실크로드의 출발지에서

드디어 시안에서의 첫 번째 일정이 시작되었다. 중국 보존 건축물 가운데 가장 완전하다고 하는 시안성벽과 함광문 유적지 박물관이 었다.

시안성벽 전경 ⓒ양홍숙

시안(西安) 성벽은 중국의 고대 성벽 가운데 보존이 가장 잘 된 지역으로 알려졌으며, 중국의 역사와 문화, 건축기술이 대표적인 유산지역으로 알려진 곳이다. 시안성벽은 명나라 초기인 1370년경에 홍무제였던 주원장(朱元璋)의 명령에 따라 건설되었다고 한다. 당나라 때부터 전해지던 장안 성벽을 토대로 확장하고 보강되어서 명나라 당시 도시를 외적의 침입으로부터 방어하는 역할을 했다. 오랜 시간이 지나면서 여러 차례의 보수 작업을 거쳐 지금도 그 원형을 잘 유지하고 있어서 중국은 물론이고 해외에서도 문화유산으로 높은 평가를 받고있는 곳이라고 한다. 시안성벽을 둘러보며 그 규모와 견고함에 놀랐다. 전체 둘레가 약 13.7km 정도 이르는데 걸어서 성벽을 한 바퀴 도는데 4시간 정도 걸린다고 하니 그 크기를 짐작할 수 있을 것 같다. 외적의 침입을 막기 위한 군사 방어 시설이 현대에는 문화와 관광의 중심지로 재탄생해서 많은 관광객들이 찾는 문화유적이 되었으니 문화유산의 힘은 실로 위대하다고 할 수 있을 것 같다. 지금도 여전히 복원 작업이 이루어지고 있고, 그 보존을 인정받아 세계 문화유산으로 지정되어 있다.

시안성벽의 한 부분에 자리 잡은 함광문 유적지 박물관은, 겉으로 보기에는 평범한 성벽의 일부처럼 보였다. 하지만 이곳은 당나라의 수도였던 장안(長安)성의 옛 성문인 함광문의 유적이 발굴된 곳이었고, 그 발굴 현장을 그대로 보존하여 박물관으로 만든 특별한 장소였다.

박물관 안으로 들어서자, 나는 거대한 땅굴 속에 서 있는 기분이 들었다. 과거의 성벽과 성문의 기초가 고스란히 남아있었고, 그 위에 유리 바닥을 깔아 유적을 한눈에 내려다볼 수 있게 해놓았다. 나는 조심스럽게 유리 바닥 위를 걸으며, 천년 전 이곳을 드나들었을 수 많은 사람들의 발자취를 상상했다.

가장 인상적이었던 것은, 여러 시대의 성벽이 층층이 쌓여 있는 모습이었다. 수나라, 당나라, 그리고 이후의 송나라와 명나라 시대의 성벽이 시간의 흐름을 보여주듯 겹겹이 쌓여 있었다. 마치 지질

학자들이 땅의 단면을 보듯, 나는 함광문 유적지에서 시안의 천년 역사를 눈으로 확인할 수 있었다.

 유적지 박물관은 단순히 유물만 전시해놓은 곳이 아니었다. 발굴된 현장을 그대로 보여주면서, 과거의 도시와 성벽이 어떻게 생겼는지, 그리고 그 위에 새로운 도시가 어떻게 세워졌는지를 입체적으로 보여주고 있었다. 나는 거대한 모형과 상세한 설명을 통해 함광문이 어떤 구조였는지, 그리고 이곳이 당나라 시절 얼마나 중요한 역할을 했는지 이해할 수 있었다.

 함광문 유적지 박물관은 위대한 과거의 뿌리를 보여주는 듯했다. 밖에서 보았던 웅장한 시안성벽이 그냥 지어진 것이 아니라, 수많은 시간과 역사의 층 위에서 만들어졌다는 것을 깨달았다. 이곳은 과거와 현재가 공존하는 시안이라는 도시의 정체성을 가장 잘 보여주는 장소였다.

박물관은 살아있다?

시안(西安)박물관에 전시된 금병(金饼), 서한(西漢)시대로 추정
ⓒ양홍숙

이어서 도착한 곳은 인도 경전을 보관하는 소안탑과 시안박물관이었다. 도심 속의 공원에 자리 잡은 소안탑은, 거대한 대안탑(大雁塔)에 비해 아담하고 소박한 모습이었다. 하지만 그 작고 고요한 모습 속에는 특별한 역사가 담겨 있었다. 당나라 때 지어진 이 탑은 현장법사가 불경을 번역하고 보관하던 곳이었다고 한다. 나는 탑을 올려다보며, 먼 인도로부터 불경을 가지고 돌아온 현장 법사의 험난한 여정과 열정을 상상했다. 탑신 곳곳에는 지진으로 인해 갈라진 흔적이 보였지만, 그것은 오히려 이 탑이 겪어온 세월의 무게를 말해주는 듯했다. 사람들은 탑 아래에서 조용히 명상을 하거

나 산책을 즐기고 있었다. 고즈넉하고 평화로운 분위기는 도시의 소음으로부터 나를 벗어나게 해주었다.

소안탑 옆에 있는 시안박물관은 마치 과거로 가는 비밀의 문과 같았다. 박물관에 들어서자, 수많은 유물들이 나를 압도했다. 그중에서도 가장 인상 깊었던 것은 바로 한나라와 당나라 시대의 도자기와 동상들이었다. 말과 낙타의 형상을 한 도자기들은 섬세하고 생동감이 넘쳤다. 나는 그 유물들을 보며, 실크로드를 따라 멀리서 온 상인들과 그들이 데리고 왔을 낙타들을 상상했다. 그들의 낙타가 등에 진 것은 단순히 물건이 아니라, 서역의 문화와 이야기였을 것이다.

나는 전시관을 돌아보며, 수많은 유물에 담긴 이야기를 들었다. 이곳에서 발견된 무덤 부장품들은 당시 사람들의 삶과 문화를 생생하게 보여주었고, 정교한 청동기들은 고대 장인들의 뛰어난 기술을 증명했다. 특히, 시안박물관에는 실크로드 관련 유물이 많아서 더욱 흥미로웠다. 나는 이 유물들을 보며, 신라의 경주와 시안이 멀리 떨어져 있지만, 실크로드라는 위대한 길로 연결된 형제 도시임을 다시 한번 깨달았다.

소안탑의 고요함과 박물관의 활기찬 유물들은 시안이라는 도시의 두 얼굴을 보여주는 듯했다. 탑이 시간을 잊은 채 침묵하며 역사를 지키고 있다면, 박물관의 유물들은 끊임없이 과거의 이야기를 들려주고 있었다. 나의 시안 답사는 단순한 여행이 아니라, 실크로드의 시작과 끝을 오가는 특별한 시간여행이었다.

문화가 공존하는 거리에서

 실크로드의 출발점이자 동양과 서양의 문화가 만났던 도시, 중국 시안의 회족거리로 시간여행을 떠났다. 발을 딛는 순간, 나는 익숙한 중국의 풍경과는 전혀 다른 새로운 세상에 들어선 기분이었다. 거리는 온통 활기 넘치는 소리와 향긋한 냄새로 가득했다. 빨간색 등불이 줄지어 걸려 있었고, '청진(淸眞)'이라고 쓰인 이슬람식 간판들이 눈에 띄었다. 사람들은 '후이후이(回回)'라고 불리는 흰 모자를 쓴 남자들과, 머리카락을 단정하게 가린 히잡을 쓴 여자들이었다. 그들은 왁자지껄한 목소리로 손님들을 맞았고, 낯선 여행객인 나에게도 따뜻한 미소를 지어주었다.

 가장 먼저 나를 유혹한 것은 거대한 화덕에서 갓 구워낸 양고기 꼬치였다. 매콤한 향신료 냄새가 코끝을 찔렀고, 노릇하게 익은 양고기는 입안에서 육즙을 터뜨렸다. 돼지고기를 먹지 않는 이슬람 문화권이라 양고기 요리가 유독 많았다. 꼬치뿐만 아니라, 양고기 육수에 빵을 잘게 부숴 넣고 끓인 양러우파오모(羊肉泡饃)는 뜨끈하고 깊은 맛으로 지친 몸을 녹여주었다.

회족 거리에서 ⓒ양흥숙

거리를 걷는 내내 눈과 귀가 즐거웠다. 얇은 반죽을 길게 늘여 공중에 던지며 면을 뽑아내는 요리사의 모습은 마치 묘기를 보는 것 같았고, 달콤한 엿을 망치로 두들겨 만드는 모습도 인상적이었다. 이 모든 것이 중국의 전통문화와 이슬람의 생활 양식이 어우러져 만들어낸 독특한 회족의 문화였다.

어둠이 내리자 회족거리는 더욱 빛났다. 화려한 조명이 거리를 비추었고, 사람들의 웃음소리가 밤하늘에 울려 퍼졌다. 이곳은 단순한 먹거리 시장이 아니었다. 천 년의 시간을 거슬러 실크로드를 따라온 이방인들의 삶의 터전이자, 서로 다른 문화가 만나 아름다운 꽃을 피운 곳이었다. 나는 그 거리를 걸으며, 과거의 이야기가 현재에 살아 숨 쉬는 것을 느꼈다. 시간여행을 마치고 돌아온 지금, 나는 회족거리의 그 활기 넘치는 분위기와 따뜻한 사람들의 미소를 잊을 수 없다.

현종이 사랑한 여인

다음으로 찾은 곳은 중국 로맨스의 주인공 양귀비와 현종의 사랑이 담긴 화청지였다. 화청지는 당나라 황제 현종과 양귀비(양유화)의 사랑 이야기가 전해지는 낭만적인 유적지이다. 이곳은 당나라 현종이 사랑하는 양귀비와 함께 휴식과 연회를 즐기던 곳으로, 여유로운 풍경과 온화한 자연은 두 사람의 로맨스를 상징하는 장소로 자리 잡았고, 이후 수많은 문인과 예술가들에 의해 알려지면서 유명해진 곳이라고 한다.

화청지는 고요한 정원, 맑은 연못, 고풍스러운 정자, 온천수 등이 자연과 어울어져 당시 황실의 화려함과 동시에 자연의 순수함을 동시에 느낄 수 있게 해주는 곳으로 오늘날에도 많은 관광객들에게 인기가 있는 곳인 듯하다. 새벽부터 이어진 강행군에 힘든 기색 하나 없이 일정을 소화해낸 우리는 삼겹살에 소주 한 잔을 곁들여가며 하루의 피로를 싹 날려버렸다.

화청지 ⓒ양흥숙

중국의 시작, 진(秦)나라

　중국 시안 여행의 마지막 일정은 세계 8대 불가사의로 알려진 진(秦)나라의 역사가 있는 곳이었다. 중국을 최초로 통일한 진시황은 우리들에게는 포악하고 잔인했다고 알려진 인물이지만 중국인들에게는 꽤나 인기 있는 황제였나 보다. 최초로 중국을 통일한 황제이기 때문이었다. 지금도 중국인에게 가장 훌륭한 역사적인 인물로 진시황과 마오쩌뚱을 든다고 하는데 마오쩌뚱은 현대인이기 때문에 중국인들에게 가장 위대한 인물은 진시황이 아니었을까 생각하면서 진시황의 능이 있는 곳으로 이동했다.

진시황 동상 ©양홍숙

그곳에서 전동차를 이용해 세계 8대 불가사의로 알려진 병마용갱을 둘러보며 그 어마어마한 모습에 또 놀랐다. 진시황은 그의 사후 세계에서조차 자신을 보호하고 권위를 상징하기 위해 만들어진 거대한 테라코타(진흙) 조각상을 만들었다고 하니 인간의 권력에 대한 욕망과 영원에 대한 욕심의 끝은 없는 것 같다. 병마용갱은 세계 8대 불가사의 중 하나로 자주 언급되기도 하지만 그 역사적·예술적 가치로도 전 세계 관광객과 학자들의 큰 관심을 받고 있다. 볼 때마다 드는 생각은 어쩌면 실물처럼 그렇게 정교한 조각상을 만들었을까 하는 것과 마치 한 사람이 만든 것 같은 신비로움이다. 병마용은 단순히 무덤을 지키는 수비의 개념을 넘어 진시황의 통일정책과 야망, 당시 사회·군사 체계의 복잡함을 생생하게 엿볼 수 있는 것이다.

그래서 세계도 그 유산을 인정하지 않을 수 없었을 것이다. 진시황릉과 그 병마용갱은 중국의 중요한 문화유산으로 인정받는 것은 물론이고 국제적으로도 큰 가치를 인정받아 세계유네스코 문화유산에 등재되었다. 보편적인 문화의 탁월성을 인정받은 곳, 이 거대한 테라코타 군대는 오늘날에도 많은 사람들에게 깊은 감동과 경외심을 선사하는 것 같다. 짧은 일정으로 시안을 다 볼 수는 없었지만 아쉬움을 뒤로 하고 일상속으로 다시 돌아와야만 했다.

병마용 1호 ⓒ양흥숙

서역을 넘어 서라벌까지

실크로드의 끝, 신라이야기로 이어보자. 사람들은 흔히 실크로드가 중국의 장안에서 시작해 로마에서 끝났다고 생각하지만, 사실

215

실크로드는 바다를 건너 저 머나먼 동쪽 땅, 신라의 수도인 서라벌까지 이어졌다. 신라는 바로 그 위대한 문명 교역로의 진정한 종착지였던 것이다.

실크로드는 단순히 물건을 사고파는 길이 아니었다. 그 길 위에서는 종교, 기술, 예술, 사상 등 수많은 것들이 함께 이동했다. 그리고 그 긴 여정의 끝자락에서 신라가 이 모든 것을 받아들였다. 가장 대표적인 예가 바로 불교이다. 인도에서 시작된 불교는 실크로드를 따라 중국을 거쳐 마침내 신라에 전해졌다. 경주의 곳곳에 남아 있는 불상과 탑, 그리고 웅장한 사찰들은 실크로드가 가져온 위대한 사상의 흔적이다.

또한 사막과 초원을 가로질러 온 서역의 상인들은 저마다 진귀한 보물들을 가지고 서라벌에 도착했다. 그들의 짐 꾸러미 속에는 투명하고 영롱한 로마의 유리잔, 화려한 무늬가 새겨진 페르시아의 공예품, 그리고 이국적인 향기가 풍기는 향신료들이 가득했다. 이 보물들은 서라벌의 시장을 활기 넘치게 했고, 신라의 귀족들은 지구 반대편의 유행을 실시간으로 즐길 수 있었을 것이다.

하지만 신라는 단순히 외국의 보물들을 소비하는 데 그치지 않았다. 오히려 그들은 자신들의 뛰어난 솜씨와 예술 감각으로 외래문화를 새롭게 재창조해냈다. 서역의 유목 민족에게서 전해진 금세공 기술은 신라의 장인들을 만나 황금의 나라라는 별명에 걸맞은 눈부신 금관으로 다시 태어났다. 곡옥과 늘어진 장식들이 더해진 신라의 금관은 유라시아 유목민족의 그것과는 확연히 다른, 신라만의 독창적인 아름다움을 뽐낸다.

서라벌(신라)은 마치 살아있는 박물관과 같았을 것이다. 길을 건다 보면 서역인들이 말을 타고 지나가는 모습을 흔하게 볼 수 있었고, 지금도 원성왕릉(괘릉)의 무인석상에서는 당시 신라에 머물렀던 아랍인의 모습을 발견할 수 있다. 신라 사람들은 이방인들을 두려워하지 않았고, 그들과 활발하게 교류하며 더 넓은 세상으로 나아갔다.

신라의 역사는 단순히 한반도의 역사가 아니었다. 그것은 유라시아 대륙 전체의 역사와 깊이 연결되어 있었다. 우리는 실크로드의 끝에서 서양의 문화를 받아들이고, 자신만의 독특한 문화를 창조해낸 신라의 이야기를 통해, 그들이 얼마나 개방적이고 창의적인 민족이었는지 알 수 있다. 실크로드의 진정한 종착지였던 신라. 그들의 역사는 우리에게 자부심을 심어주는 위대한 사실이다.

다시 경주에 서다

시안의 웅장함에 압도되었던 며칠을 보내고, 다시 돌아온 경주는 마치 속삭이듯 나를 맞았다. 시안은 모든 것이 거대하기에 거인의 숨결이 느껴졌다. 끝이 보이지 않는 진시황의 병마용갱 앞에서 우리는 숨조차 제대로 쉴 수 없었다. 2천 년을 땅속에 묻혀 있었던 수 많은 병사들은 각기 다른 표정과 자세로, 그 시대의 압도적인 힘과 권력을 묵묵히 증명하고 있었다. 성벽 위를 자전거로 달리며 바라본 도시는 과거와 현재가 뒤섞인 혼돈 속에서도, 거대한 제국의 심장이 아직도 뛰고 있음을 보여주는 듯했다. 시안은 '천하'를 호령했던 힘의 역사를 온몸으로 보여주며, 우리를 작은 존재로 만들었다.

초헌관(初獻官)이 알자(謁者)의 도움을 받아 돌아오는 모습 ⓒ양
홍숙

　반면, 우리의 경주는 달랐다. 웅장한 규모로 시선을 압도하기보
다, 세월이 묻어난 온화함으로 마음을 파고들었다. 경주에서 왕릉
은 마치 언덕처럼 마을과 어우러져 있고, 불국사의 돌계단은 오랜
시간 사람들의 발길에 닳아 윤이 났다. 시안의 병마용들이 "나를
보라"며 외치는 듯했다면, 경주의 첨성대와 대릉원은 "조용히
내 이야기를 들어보라"며 속삭이는 것 같았다. 신라의 유적들은
한 왕조의 영광을 뽐내기보다, 자연의 일부가 되어 우리 삶 속에
스며들어 있다는 생각이 든다.

　시안이 수많은 왕조의 흥망성쇠를 거친 거대한 제국의 역사를 보

여주었다면, 경주는 천 년이라는 긴 시간 동안 한 왕조가 쌓아 올린 견고하고 아름다운 역사를 보여주었다. 하나는 힘과 권력의 웅장함으로, 다른 하나는 평온과 조화의 아름다움으로 각자의 역사를 이야기하고 있었다.

시안의 거대함과 경주의 고즈넉함을 비교하며 나는 문득, 경주의 오늘을 생각했다. 신라 천 년의 역사가 살아 숨 쉬는 이곳에서 APEC 정상회의도 열렸다. 작지만 거대한 도시 경주가 세계와 소통하는 문화교류의 장을 연 것이다. 신라 천 년의 영광이 자자손손(子子孫孫) 이어지기를 경주시민의 한사람으로 염원해 본다.

지금도 경주에는 신라의 역사와 전통이 살아있다. 여전히 1300여 년의 역사를 이어가는 사람들이 조상의 지혜를 본받고, 후손들에게 그 정신을 이어주기 위해 노력하고 있다. 조상의 얼을 지켜가는 모습이 아름답다. 우리의 역사가 영원하기를 바란다.

미추왕릉 추(秋) 향대제(享大祭) ⓒ양홍숙

02. 월정교(月淨橋)와 경주 향교 – 옛길과 배움의 흔적을 따라

홍수환

경주는 내가 살고 있지만 언제나 설렘을 안겨준다. 신라 천년의 수도라는 이름은 이미 낭만적이고, 발길을 옮기는 순간마다 그 긴 시간의 층위가 켜켜이 다가오기 때문이다. 다른 도시와 달리, 경주는 어디를 가도 역사의 숨결이 살아 있다. 현대식 건물 사이로 고분이 불쑥 나타나고, 교차로 한가운데 첨성대가 서 있다. 그 사이를 걸으며 나는 과거와 현재가 겹쳐지는 묘한 감각을 느낀다.

시내에서 가까운 곳으로 내가 주목한 곳은 두 군데다. 하나는 신라의 다리, 월정교와 다른 하나는 조선의 학교인 경주향교이다. 월정교는 화려하고 장엄한 신라의 기술과 상상력을 보여주고, 향교는 검소하면서도 단정한 조선의 학문과 도덕을 상징한다. 서로 다른 시대의 두 공간을 함께 걷는 일은, 천년의 시간 위를 건너는 또 다른 여행이었다.

신라의 다리 월정교를 건너며

남천을 따라 걷다 보면 저 멀리 붉고 푸른 다리가 모습을 드러낸다. 바로 월정교다. 다리는 한눈에 봐도 장엄하다. 네 개의 교각 위에 기와지붕을 얹은 구조는 단순한 교량이라기보다 하나의 성문 같았다. 강을 건너면서도 건물 안을 걷는 듯한 느낌, 그것이 월정교만의 독특한 매력이었다.

낮에 본 월정교는 남천의 맑은 물결과 어우러져 웅장했고, 밤에 조명이 켜지자 황홀할 정도로 화려했다. 다리 아래 반짝이는 물결과 붉은 기둥, 푸른 지붕의 조화는 한 폭의 그림이었다. 그 순간 나는 '천년의 교량이 이 밤에도 다시 살아 숨쉬는구나'라는 감탄을 내뱉지 않을 수 없었다.

월정교의 낮 과 밤 ©홍수환

월정교는 통일신라 시대에 건설된 교량이다. 동궁과 남산 방면을 잇는 중요한 길목에 놓였으며, 남천을 가로질러 왕경을 연결하는 역할을 했다. 다리의 터는 1980년대 발굴로 확인되었고, 이후 복원 사업이 진행되어 2018년에 완공되었다. 조선 시대를 거치며 사라졌던 다리가 1,200여 년 만에 되살아난 것이다.

단순한 교량이 아니라, 신라의 기술력과 미적 감각을 보여주는 상징물이라 할 수 있다. 당시의 월정교는 나라의 중심을 잇는 길이자, 왕경의 위엄을 드러내는 건축물이었다.

요석공주와 원효대사의 인연

월정교와 관련해 빼놓을 수 없는 이야기가 있다. 바로 요석공주와 원효대사의 만남이다. 문무왕의 여동생이었던 요석공주는 남천 남쪽의 요석궁에 살았다. 전해지는 설화에 따르면, 원효는 불도를 널리 전파하던 중 요석궁에서 요석공주와 인연을 맺게 되었고, 그 사이에서 아들 설총이 태어났다.

설총은 후에 신라 유학을 대표하는 인물이 되어, 한문학과 유교 사상에 큰 족적을 남겼다. 결국 월정교 일대는 단순히 다리를 오가던 길목이 아니라, 원효의 사상과 요석공주의 삶, 그리고 설총의 탄생이라는 역사의 굴곡이 얽힌 자리였다.

나는 다리 위에서 남천을 내려다보며, 천년 전 원효와 요석공주가 마주했을 순간을 떠올려 보았다. 그들의 인연이 단순한 사랑 이야기가 아니라, 불교와 유교, 그리고 신라의 지적 전통을 잇는 다리 역할을 했다는 사실이 새삼 놀라웠다.

월정교 현판 이야기

월정교 남쪽 문루의 현판은 신라의 명필가로 알려진 김생이 쓴 글씨를 집자한 것으로, 안동 도산면 태자리에서 출토된 것이다.

'태자사 낭공대사 백월서운탑비 (보물1877호, 국립중앙박물관)' 집자 최언위가 찬하고 김생이 쓴 글씨인데, 당시 이 탑비도 김생 글씨를 집자한 작품이라고 알려졌다.

월정교 남쪽 문루 ⓒ홍수환

월정교 북쪽 문루의 현판은 최치원(857~908년 이후)의 글씨로, '최치원의 사산 비명' 중 하나인 '쌍계사 진감선사 대공탑비(국보 47호)'에서 집자한 것이다.

월정교 북쪽 문루 ⓒ홍수환

하지만 월정교 앞에서 느낀 감탄 속에는 작은 의문도 섞여 있었다. 발굴로 확인된 것은 교각의 흔적뿐이고, 상부 구조에 대한 기록은 부족했다. 따라서 지금 우리가 보는 월정교는 상당 부분 추정

복원이다. 특히 화려한 단청과 푸른 기와는 "실제 신라 시대에도 이렇게 장엄했을까?"라는 의문을 갖게 한다.

또한 안전을 위해 철근 콘크리트와 현대적 기술이 사용되었고, 내부는 전시 공간으로 꾸며졌다. 이는 학문적으로는 원형성을 훼손하는 요소일 수 있다. 관광객을 끌어들이기 위해 조명이 설치되고, 야간경관이 강조되면서 '역사 유적'이라기 보다는 '테마파크' 같은 인상을 주기도 했다.

이러한 논란은 월정교의 가치를 깎아내리기보다, 오히려 역사를 재현한다는 일이 얼마나 어려운지를 보여준다. 원형을 알 수 없는 과거를 오늘에 되살리는 작업은 언제나 불완전할 수밖에 없다. 그래서 지금의 월정교는 '신라의 다리'라기보다는 '21세기 사람들이 상상한 신라의 다리'라 할 만하다.

나는 다리 위에서 오래 머물렀다. 화려한 조명 속에서 원효와 요석의 이야기를 떠올리고, 신라 사람들의 발자취를 상상했다. 복원 과정의 논란조차도 나에게는 또 다른 역사적 성찰의 계기가 되었다. 우리가 과거를 어떻게 불러내는가, 그 과정에서 무엇을 지키고 무엇을 새로 입히는가, 이는 결국 현재 우리의 문화 인식과 책임을 드러내는 일이기 때문이다.

월정교는 단순한 교량이 아니다. 그것은 역사와 전설, 그리고 현대의 상상력이 교차하는 다리였다.

경주향교, 조선의 학교를 거닐다

경주 시내에서 조금 벗어나 조용한 길을 따라가면, 고즈넉한 공간이 나타난다. 바로 경주향교다. 다른 유적지에 비해 찾는 이들이 적어 더욱 차분한 분위기가 감돈다. 대문을 열고 들어서자 오래된 은행나무가 서 있고, 단정한 기와집 건물들이 질서정연하게 자리해 있었다. 월정교의 화려한 단청과 대비되는, 검소하고 단아한 모습이었다. 화려함 대신 절제와 질서, 그 속에서 오히려 더 큰 무게가 느껴졌다.

경주향교 ⓒ홍수환

경주향교는 고려 태조 때 설치된 것으로 전해진다. 조선 시대는 성리학이 국가 운영의 근간이 되자, 전국 각지에 향교가 세워졌다. 그 목적은 지역 인재를 교육하고, 공자의 가르침을 전하며, 백성들에게 도덕적 규범을 심어주는 것이었다. 경주향교는 신라 천년의 수도였던 이곳에서, 조선의 새로운 이념을 심어가는 상징적인 교육 기관이었다. 불교의 흔적이 깊이 남아있는 경주에서, 유교적 도덕과 질서를 가르치는 공간은 새로운 정신적 전환을 의미했다.

향교는 교육 공간과 제향 공간으로 나뉜다. 교육 공간의 중심에는 명륜당이 있다. 과거에는 유생들이 모여 <논어>와 <맹자>를 배우고, 토론하며, 과거 시험을 준비했다. 지금은 비어 있지만, 그 마룻바닥에 앉아 있으면 책 읽는 소리와 훈장님의 가르침이 귓가에 메아리치는 듯하다.

제향 공간의 중심은 대성전이다. 공자와 사성, 송대 성리학자들, 그리고 우리나라 유학의 대가들을 모신 곳이다. 대성전 앞에 서면 절로 고개가 숙여진다. 이는 단순한 건축물이 아니라, 조선 사회를 지탱하던 정신적 상징이었다.

나는 대성전 앞에서 한동안 서 있었다. 조용한 바람이 불고, 나뭇잎이 흔들리는 소리가 고요를 깨뜨렸다. 그 순간 나는 과거의 유생들과 함께 절을 올리는 듯한 기분이 들었다. 검소하고 담백한 건축물 속에서 느껴지는 경건함은, 화려한 장식보다 더 큰 울림을 주었다.

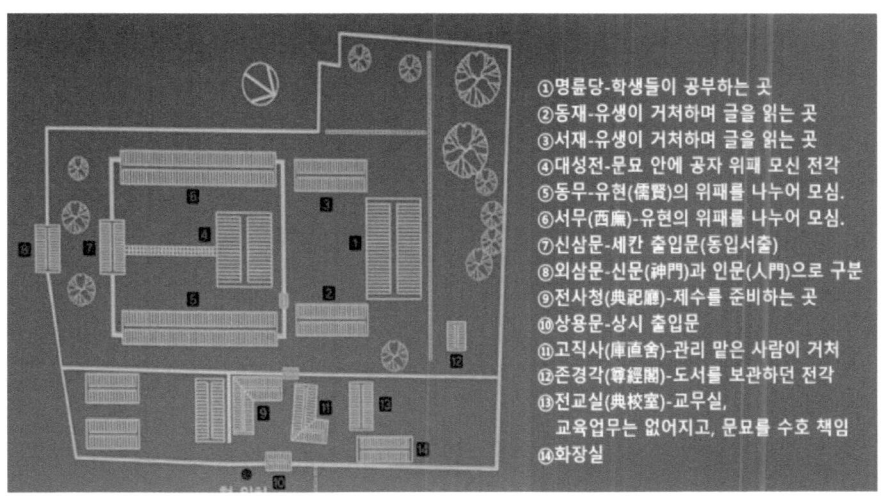

①명륜당-학생들이 공부하는 곳
②동재-유생이 거처하며 글을 읽는 곳
③서재-유생이 거처하며 글을 읽는 곳
④대성전-문묘 안에 공자 위패 모신 전각
⑤동무-유현(儒賢)의 위패를 나누어 모심.
⑥서무(西廡)-유현의 위패를 나누어 모심.
⑦신삼문-세칸 출입문(동입서출)
⑧외삼문-신문(神門)과 인문(人門)으로 구분
⑨전사청(典祀廳)-제수를 준비하는 곳
⑩상용문-상시 출입문
⑪고직사(庫直舍)-관리 맡은 사람이 거처
⑫존경각(尊經閣)-도서를 보관하던 전각
⑬전교실(典校室)-교무실,
　교육업무는 없어지고, 문묘를 수호 책임
⑭화장실

경주 향교 배치도 ⓒ박물관대학 계림봉사단

향교는 단순한 학교가 아니었다. 그것은 지역 공동체의 중심이었다. 유생들이 학문을 익히는 곳이었지만, 동시에 지역 주민들이 모여 의례를 치르고 도덕을 배우는 공간이었다. 오늘날의 학교가 지식을 전하는 곳이라면, 향교는 인격과 예절을 길러내는 곳이었다. 특히 경주 향교는 신라 불교의 전통 위에 성리학을 심은 공간이었다. 두 사상이 교차하는 이 땅에서, 향교는 조선의 정신을 굳건히 세워나갔다.

경주향교 대성전과 명륜당 ⓒ홍수환

화려함과 검소함의 차이

그러나 향교를 돌아보며 아쉬움도 있었다. 건물은 보존되어 있지만, 공간은 비어 있었다. 글 읽는 소리도, 제향의 의식도 사라진 채, 안내판만 덩그러니 남아있었다. 일부는 현대적 재료로 복원되어 옛 정취가 줄었고, 전통 의례는 단절되었다. 나는 속으로 생각했다. "향교는 여전히 살아 있어야 하지 않을까?" 실제로 일부 향교는 지금도 청소년 인성교육, 전통 예절 교육, 한문 강좌를 운영한다. 경주 향교 역시 과거와 현재를 잇는 살아 있는 교육의 장으로 다시 태어나야 한다. 그렇지 않으면, 향교는 그저 '조용한 낡은 건물'로만 남을 것이다.

월정교가 신라의 화려함을 상징한다면, 경주향교는 조선의 검소함을 상징한다. 화려한 다리와 소박한 향교, 두 공간은 분명 서로 다르지만, 경주의 정신을 함께 이룬다. 나는 이 두 장소를 걸으며 역사가 단순히 과거의 기록이 아니라, 지금 우리에게 삶의 방향을 묻는 거울임을 느꼈다. 월정교와 향교를 둘러보고 나는 두 공간이 내게 던진 울림을 곱씹었다. 월정교는 신라의 장엄한 상상력을 보여주었고, 경주 향교는 조선의 단정한 도덕을 일깨웠다. 화려함과 검소함, 서로 다른 미학이었지만 둘 다 시대를 넘어 오늘에 메시지를 전했다. 역사 답사란 단순히 옛 건물을 보는 일이 아니다. 그것은 과거와 현재를 잇는 다리를 건너는 일이며, 우리 자신을 비추는 거울 앞에 서는 일이다. 경주의 두 공간을 걸으며, 나는 천년을 넘어 이어지는 정신의 맥을 느꼈고, 그것이야말로 답사의 가장 큰 수확이었다.

03. 반구천 암각화 – 세계유산이 된 선사인의 기록

김서현

반구천 암각화의 만남

지난 답사에서 다시 찾은 반구천 암각화는 우연 같으면서도 필연처럼 다가왔다. 사실 내가 처음 이곳을 만난 것은 박물관대학 기초반 시절 울산 답사 때였다. 그때는 빠듯한 일정 속에 눈앞의 풍경을 깊이 들여다볼 여유가 없었고, 바위에 새겨진 그림들이 단순히 신기한 흔적으로만 보였다. 그러나 이번에 다시 마주한 반구대는 전혀 다른 모습으로 다가왔다. 단순한 관광지가 아니라, 수천 년 동안 사람들의 삶과 생각이 오롯이 새겨진 역사의 현장이었던 것이다.

이렇게 달라진 관점은 아마도 박물관대학 연구반 과정을 거치며 조금씩 자라난 안목 덕분일 것이다. 특히 기억에 남는 것은 메타팩토리 수업에서 접한 3D 강의였다. 교수님께서 최초로 직접 반구대 암각화를 정밀하게 스캔해 제작한 3D 모델을 보여주셨는데, 사진이나 영상으로 보는 것과는 전혀 차원이 달랐다. 바위의 굴곡, 선각의 깊이, 고래와 사냥 장면의 생생한 모습은 금방이라도 살아 움직일 듯했다. 나는 예전에 석가탑과 다보탑을 3D로 프린터 해본 경험이 있다. 그 과정을 통해 단순히 모형을 만드는 기술이 아니라, 유물의 구조와 의미를 깊이 이해하는 과정이 된다는 것을 깨달았다. 그 경험 덕분에 암각화를 바라보는 시선도 달라졌다. 단순히 눈으로 보는 것이 아니라, 직접 체험하고 마음으로 느낄 때 비로소 그 의미가 제대로 다가온다는 사실을 알게 된 것이다.

더 놀라웠던 것은 반구천 암각화가 울산박물관과 라로셸박물관이 파트너십을 맺게 되어 프랑스 라로셸박물관에서도 전시되었다는 사실이었다. 세계적인 박물관에서 울산의 문화유산이 소개되었다는 소식은 나에게 큰 자부심으로 다가왔다. 정교한 모형을 직접 보고 나니 암각화가 마치 내 곁으로 성큼 다가온 듯 친근하게 느껴졌고, 그것이 이번 답사를 다시 준비하게 만든 계기 중 하나였을 것이다. 그리고 마침내 지난 7월, 반구천 암각화가 프랑스 파리에서 열린 유네스코 세계문화유산위원회에서 세계유산으로 등재되었다는 기쁜 소식을 들었다.

울산 답사의 기억
기초반 시절 울산 답사는 여러모로 내게 특별했다. 손수협 교수님과 함께 한 그날의 첫 일정은 울산박물관이었다. 처음에는 박물관을 먼저 찾는 것이 다소 의아했다. 하지만 막상 울산의 역사와 문화를 미리 배우고 나서 유적지를 찾으니, 모든 것이 전혀 다르게 보였다. 단순히 풍경을 보는 것이 아니라 역사적 맥락 속에서 그 의미를 짚어갈 수 있었던 것이다. 그 경험 이후 나는 다른 지역을 찾을 때도 가장 먼저 박물관을 방문하는 습관을 갖게 되었다. 박물관이야말로 그 지역의 문화를 이해하는 가장 든든한 출발점이라는 사실을 깨달았기 때문이다.

그날의 울산 답사는 박물관을 시작으로 일본 왜성, 처용암, 옛 절터 등을 거쳐 반구대 암각화로 이어졌다. 일본 왜성에서는 임진왜란 당시의 치열했던 흔적을, 처용암에서는 설화와 민속이 어우러진 신비로운 이야기를, 옛 절터에서는 사라진 불교 문화의 흔적을 느낄 수 있었다. 그러나 무엇보다 강렬했던 것은 반구대 암각화였다. 바위에 새겨진 수많은 형상은 당시 사람들이 자연과 교감하며 살아온 흔적이었다. 예전엔 그저 신기한 그림 정도로 여겼지만, 이번에 다시 찾았을 때 암각화는 마치 내게 말을 걸어오는 듯했다. 수천 년 전 이곳에 살던 사람들이 남긴 목소리가 바위를 타고 전해지는 듯한 감각이었다.

경주 박물관대학과 함께한 성장

경주 박물관대학에 발을 들인 것은 우연이었다. 그러나 시간이 흐르면서 그것이 내 인생의 중요한 전환점이 되었음을 깨닫는다. '아는 만큼 보인다' 는 말처럼, 처음에는 아는 것이 부족해 답사 현장에서 교수님의 설명을 듣기에도 벅찼다. 그러나 조금씩 배워 가면서 십 분의 일이라도 알고 유적을 바라보는 일이 얼마나 큰 기쁨인지 알게 되었다. 기초반 시절에는 정신없이 따라다니기에 급급했다면, 연구반에서는 세계사와 회화사를 접하며 유적과 유물 속에 담긴 그림들의 의미를 새롭게 이해하게 되었다. 그것들이 단순한 장식이 아니라 시대와 문화를 담은 메시지라는 사실을 깨닫는 순간, 세상을 보는 눈이 달라졌다.

천전리 각석과 반구천 암각화

울산 태화강 상류, 굽이치는 물길을 따라 걷다 보면 선사시대의 흔적이 고스란히 새겨진 바위들이 나타난다. 답사의 길목에서 먼저 찾은 곳은 천전리 각석이었다. 반구천 암각화에서 상류로 약

1.5km 떨어진 이 바위에는 다양한 기호와 문양, 그리고 신라시대의 글자까지 남아 있었다. 선사시대의 추상적 무늬와 신라 화랑들의 글씨가 한 바위에 공존하는 모습은 마치 서로 다른 시간이 한 공간에서 만나는 듯 묘한 울림을 안겨주었다.

그리고 마침내 눈앞에 모습을 드러낸 반구대 암각화. 국보 제285호로 지정된 이 바위에는 약 300여 점의 그림이 새겨져 있다. 가까이 다가가자 거대한 고래들이 가장 먼저 눈에 들어왔다. 새끼를 데리고 가는 어미 고래, 작살에 맞아 몸부림치는 고래, 물 위로 힘차게 뛰어오르는 고래…. 단순한 선으로 이루어졌지만, 생동감이 넘쳤다. 그 옆에는 사슴, 호랑이, 멧돼지 등 육지의 동물들, 그리고 사냥꾼들의 모습이 함께 새겨져 있었다.

그림의 선은 단순하지만 힘이 있었고, 동물의 특징은 놀라울 만큼 사실적으로 표현되어 있었다. 사슴의 뿔, 고래의 지느러미, 멧돼지의 털까지 담아낸 솜씨에 감탄이 절로 나왔다. 이는 단순한 낙서가 아니라, 삶과 기원을 기록한 흔적임이 분명했다. 아마도 이곳 사람들은 사냥의 성공을 기원하며, 또 후손들에게 삶의 방식을 전하고자 이 그림들을 남겼을 것이다.

반구대 암각화 ⓒ김서현

보존과 우리의 과제

반구대 암각화는 이제 세계적으로 그 가치를 인정받았다. 그러나 동시에 보존의 과제 앞에 놓여 있다. 강의 수위가 높아지면 바위가 물에 잠기고, 다시 드러나는 과정이 반복되면서 훼손이 진행되고 있기 때문이다. 수천 년을 견뎌온 문화유산이지만 앞으로 수십 년을 버티지 못할 수도 있다는 사실은 마음을 무겁게 했다.

이번 답사는 단순히 한 유적을 다시 보는 시간이 아니었다. 그것은 내가 걸어온 학습과 경험의 여정을 확인하는 과정이었다. 과거의 나는 그저 바위를 바라보았지만, 지금의 나는 그 안에서 사람들의 숨결과 시대의 흐름을 읽는다. 이는 단순한 지식의 축적이 아니라, 세상을 바라보는 시선과 마음이 달라졌다는 것을 뜻한다.

경주 박물관대학에서의 시간들은 내게 단순한 수업을 넘어 삶을 풍요롭게 해준 소중한 선물이었다. 이번 답사를 통해 그 선물이 얼마나 값진 것이었는지를 다시금 깨달았다. 앞으로도 새로운 유적을 만날 때마다, 그 속에 담긴 역사의 숨결과 사람들의 이야기에 귀 기울이고 싶다. 문화재를 단순한 돌이나 유물로 보지 않고, 그 속에 담긴 삶과 정신을 읽어내는 눈을 잃지 않게 되기를 바란다.

울산의 태화강 상류, 굽이치는 물줄기 따라 자리한 반구천 암각화는 여전히 말없이, 그러나 힘차게 인류의 역사를 전하고 있었다. 세계유산으로 등재된 이곳에 서며 많은 사람들은 새로운 다짐을 할 것이다. 이 위대한 문화유산이 오늘의 감동을 넘어 내일의 세대에게도 온전히 전해질 수 있도록, 그리고 세계 인류의 보편적 가치로 남아 영원히 사랑받을 유산이 되기를 기원할 것이다.

천전리 암각화 ©김서현

04. 문무왕과 신문왕의 대화 - 바다와 하늘을 잇다

이명희

이야기를 시작하며

신라의 30대 문무왕(626~681)과 31대 신문왕(665~692)은 부자간이다. 문무왕은 태종무열왕과 문명왕후 김씨(문희 또는 문명) 사이의 맏아들이며, 이름은 법민(法敏)이며, 부왕인 태종무열왕을 이어 삼국 통일의 대업을 이뤘고, 당나라의 야욕을 간파한 뒤 김유신과 함께 당나라를 물리쳤다. 그리고 불력(佛力)으로 나라를 지키기 위해 진국사(鎭國寺)를 건설하기 시작했다. 진국사는 바다 건너 왜구로부터 신라를 지키기 위한 문무왕의 마음을 담은 절이었다. 그런데 안타깝게도 진국사를 완성하기 전에 문무왕은 세상을 떴다. 죽음이 목전에 당도했음을 깨달은 왕은 지의법사(智義法師)를 불러 유언을 하게 된다.

"나는 죽어서라도 나라를 지키는 용이 될 것이니 화장하여 동해에 안장해 달라."

그 유언을 받든 신문왕은 부왕의 유골을 화장하여 기림사(祇林寺)를 지나고, 대종천(大鐘川)을 거쳐 감포 앞 동해 바다에 있는 수중왕릉에 장사지냈다.

236

문무왕의 수중왕릉 ⓒ이명희

신문왕은 즉위 후 부왕이 짓다 만 진국사를 감은사(感恩寺)로 고쳐 완공(682)하였고, 국학을 장려해 왕권 강화에 힘썼다. 지금은 터만 남은 감은사지(感恩寺址)와 이견대(利見臺)에는 문무왕과 신문왕의 이야기가 많이 남아있다.

어디 그뿐이랴? 지금도 경주 추령터널을 거쳐 기림사로 가는 모차골은 '왕의 길'이 시작되는 지점으로 알려져 있다. 모차골이라는 이름도 신문왕이 마차를 타고 문무왕릉을 찾아간 길이라는 데서 마차골이라 불리다가 변한 이름이라고 한다. 원래 왕의 길은 문무왕의 장례 행렬이 지난 길이라고 하는데 신문왕이 다녔던 길이 지금은 1300여 년 전 신문왕의 마음이 되어 걸어보는 역사적인 길이 되었다.

그런데 만약 내 부모가 죽음을 앞두고 묻어달라는 곳이 물속이라면 그 유언을 실행할 수 있을까? 아무리 부왕의 유언이었다고 해도 수중에 능(陵)을 만드는 것은 쉬운 일이 아니었을 것이다. 어떻게 신문왕은 문무왕의 유지를 받들었을까? 그런 생각을 하다가 두 분의 대화를 상상해 보기로 했다. 그래서 그분들을 만나러 감은사지와 이견대를 돌아보기로 마음먹었다.

감은사지 전경 ⓒ이명희

폐사지에 담긴 대왕의 마음

경주시 양북면 용당리에 있는 감은사지는 문무왕의 염원이 담긴 절이었다. 그러나 끝내 절을 완공하지 못하고 돌아가시자 부왕을 이어 즉위한 신문왕이 절을 완공하고, '은혜에 감사한다'는 뜻을 담아 감은사(感恩寺)라 하였다.

238

현재는 당시 지었던 절은 사라지고, 절터와 감은사지 3층 석탑(국보) 두 기만 남아있어 감은사지라 불린다. 감은사가 본격적으로 우리에게 알려진 것은 1960년과 1980대의 발굴 조사를 거친 뒤였다. 감은사는 통일신라 시대의 대표적인 사찰 형식인 2탑 1금당식 가람 배치를 하고 있으며, **황룡사·사천왕사**와 함께 대표적인 호국사찰이었다. 그러나 지금은 절터만 남아있는데 언제 폐사가 되었는지는 정확히 알 수 없으나 임진왜란 전후로 추정한다. 다만 국보인 **동·서탑**의 찰주 높이를 합치면 현존하는 국내 탑 가운데 가장 크다.

감은사지를 찾아 금당지에 놓여 있는 돌의 바닥 구조를 살펴보면 마치 H자형의 받침석과 보가 돌다리처럼 되어있고, 그 위에 놓은 석재(石材)는 마루를 놓은 것 같은 모습이다. 이것을 두그 고(故) 이근직 교수는 "동해의 용이 된 문무왕이 해류를 타고 금당 아래로 들어올 수 있도록 한 배려"라고 말했는데 이런 기록은 <삼국유사>에도 보인다.

"금당 섬돌 아래 동쪽을 향하여 한 개 구멍을 뚫었다(排金堂砌下, 東向開一穴)."

239

금당지 전경 ⓒ이명희

 1970년대 감은사지 발굴 결과 용이 드나들 수 있도록 한 물길이 금당 아래 만들어졌음이 밝혀졌다고 한다. 그런데 감은사지를 방문하는 답사객들은 의문을 가질 수밖에 없다. 나 역시도 그렇게 생각했다. 지금 감은사지 앞은 논으로 이루어진 들판이다. 그런데 어떻게 바다에서 용이 된 부왕이 드나들 수 있다고 생각했을까? 하지만 2007년, 대구문화방송에서 창사특집으로 진행된 다큐멘터리에서 감은사 앞의 토양을 분석한 결과 감은사 바로 앞이 당시에는 바다였다는 증거가 발견되었다고 한다. 결국 감은사가 지어질 당시 그 앞은 동해 바다의 연장이었고, 문무왕은 그곳에 진국사라는 절을 세우며 자신이 동해 바다의 용이 되리라는 염원을 했는지 모르겠다. 그러다 절을 완성하지 못하고 돌아가시자 신문왕이 아버지의 뜻을 이어 감은사를 완공했고, 금당에서 용이 된 부왕이 쉴 수 있도록 그 통로를 마련하지 않았을까?

감은사지 금당지의 석재모습 ⓒ이명희

죽어서도 용이 되어 나라를 지키겠다는 문무왕, 바다의 용이 된 아버지를 위해 절을 짓고 부왕의 위업을 달성하기 위해 노력한 신문왕. 감은사에서 서로 영혼의 대화를 나누었을 두 분의 대왕을 생각하며, 진정한 리더는 나라와 백성의 안위를 지켜야 하는 무게를 견디는 사람이라는 생각을 했다. 그런 절대자의 고뇌는 어떤 것으로도 대체할 수 없는 것이라는 생각이 든다.

지금 경주시 문무대왕면 용당리에는 문무왕과 신문왕의 '나라와 백성을 지키려는 마음과 그 은혜에 보답하는 마음'을 담은 감은 사지가 있다. 그 앞을 지나는 대종천도 당시에는 동해천이라 불렀다고 하니 그곳에 남아있는 대왕의 마음을 읽는 것은 현대를 사는 우리들의 몫이 아닐까?

이견대(利見臺) 이야기

감은사지에서 나와 감포항을 향하는 국도에서 왼쪽으로 돌아가면 동해 바다를 바라보는 언덕에 이견정(利見亭)이라는 현판을 단 이견대(利見臺)가 서 있다. 이곳에서 바라보는 수중왕릉은 사람들에게 어떻게 다가올까? 이견대에 서면 문무왕과 신문왕의 대화가 들리는 것 같아서 수중왕릉(대왕암)을 골똘히 바라보게 된다.

신문왕은 그 자리에 어떤 마음으로 섰을까? 일찍 형을 여의었고, 부왕이 돌아가시자 왕위에 오른 젊은 정명(신문왕)은 바다의 용이 된 부왕을 만나 어떤 이야기를 나누었을까? 재위 초반 부왕을 잃은 슬픔이 채 가시기도 전에 장인(김흠돌)이 반란을 일으켰으니 얼마나 부왕의 부재가 크게 느껴졌을까? 그런 생각을 하며 신문왕의 마음이 되어 수중왕릉을 바라보면 마치 부왕 문무왕이 따뜻한 위로를 해주었을 것 같은 생각이 든다.

경주 이견대의 모습 ⓒ이명희

　이견대는 문무대왕릉이 내려다보이는 언덕에 자리 잡은 정자 이
름으로, 문무왕의 아들인 신문왕이 지었다(682). 당시 신문왕은
바다에 용이 나타난 것을 본 곳이라 하여 이견대라 했는데, <주역
>의 건괘에 '비룡재천 이견대인(飛龍在天 利見大人)'에서 그
이름을 따온 것이라고 한다. "나는 용이 하늘에 있으니, 대인을
보면 이롭다"는 이 글귀에는 자신의 부족함을 채워줄 대인, 즉 지
혜로운 스승을 만나는 것이 중요하다는 뜻이 담겨 있으니 아마도
수중왕릉에 계신 부왕 문무대왕이 자신(신문왕)을 위해 용의 모습
으로 나타났다고 생각하지 않았을까?

이견대 이야기는 <삼국유사> 권 2 기이(紀異)편 '만파식적(萬波息笛)' 조에 처음으로 등장하며, 그 내용은 다음과 같다.

"감은사가 지어진 이듬해에 해관(海官)이 동해에 작은 섬 하나가 감은사 쪽으로 온다는 보고를 했다. 그 보고를 받은 신문왕은 당시 나라의 점을 치던 일관에게 물었다. 일관은 바다의 용(海龍)이 된 문무왕과 하늘의 신(天神)이 된 김유신이 신라를 지킬 보물을 내릴 것이라는 점괘를 내자, 신문왕이 기뻐하며 이견대(利見臺)로 나갔다. 거북이 머리를 한 움직이는 섬에는 대나무가 자라고 있었으며, 낮에는 둘로 바뀌었다가 밤에는 하나로 합쳐졌다. 신문왕은 동해의 용에게 검은 옥대를 선물로 받았고, 용이 알려준 대로 섬 위에 있는 대나무를 베어다 피리를 만들어 보관하였는데 나라에 근심이 생길 때마다 그 피리를 불면 근심이 사라지고 나라가 평안해져서 만파식적(萬波息笛)이라고 불렀다."

이견대(利見臺)는 신라 시대의 유적지로, 경주시 감포읍 대본리 661번지(감포 해안로)에 위치한다. 1960년대에 문화재 관리국에서 옛터를 발굴해 문무왕릉과 함께 사적으로 지정했다. 1979년, 옛터로 알려진 자리에 이견대를 복원했으나 이곳이 실제 이견대의 위치인지에 대해서는 의문이 있다.

이견대에 대한 기록은 <삼국유사>와 <세종실록 지리지(世宗實錄 地理志)>, <신증동국여지승람> 등 여러 곳에 실려 있다. 1967년 사적으로 지정된 이견대는 2011년, 경주 이견대(慶州 利見臺)로 명칭이 변경되었다. 지금 이견대가 있는 정자에는 이견정(利見亭)이라는 현판이 달려있다.

'이견정' 이라는 현판이 달린 이견대 모습 ©이명희

마무리

경주에는 문무왕(626~681)의 이야기가 남아있는 곳이 많다. 재위 기간이 20년이라 비교적 오래 왕위에 있었고, 삼국통일의 대업을 이룬 왕이었으니 너무나 당연한 이야기이다. 사천왕사지(四天王寺址)와 망덕사지(望德寺址), 능지탑지(陵旨塔址) 등이 문무왕과 관련한 유적지이다. 그 외에도 감은사지와 이견대, 수중왕릉 등이 있다. 이들 가운데 특히 감은사지와 이견대, 수중왕릉은 문무왕의 죽음과 관련된 곳이라 나에게는 더욱 관심이 가는 곳이었다.

문무왕의 생애를 보면 태종무열왕의 아들로 태어나 삼국통일을 완성했고, 당나라를 몰아낸 훌륭한 업적을 남긴 왕이었다. 그런 위대한 왕이 죽음을 맞이한 모습까지도 의연함 그 자체였다. <삼국

사기>에 대왕이 죽음을 맞이하는 장면이 자세히 기록되어 있다. 왕은 자신의 죽음을 예견하며 다음과 같은 유훈을 남겼다.

"어지러운 때에 태어나 전쟁을 겪었고, 결국 삼국을 통일해 선조들에게 부끄럽지 않다. 이제 여러 정사(政事)를 거치면서 병을 얻었고, 죽음을 맞이하게 되었다. 오랫동안 동궁의 자리에 있던 태자는 지혜로운 사람이니 재상과 관리들과 더불어 죽은 자에 대한 의리를 지키고, 산자를 섬기는 예를 지켜라. 종묘의 자리를 비우면 안 되니 나의 관 앞에서 즉위하되, 죽은 자를 위해 재물을 허비하지 말라. 그 어떤 위대한 영웅도 죽으면 한 줌 흙이 되는 것이 세상 이치이니, 아무리 많은 수고를 해도 죽은 자를 구제할 수는 없다. 그러니 나를 열흘 후 불교식으로 화장하되 장례절차는 철저히 검소하게 하라. 변경과 요새의 수비를 강화하고, 백성이 불편함이 없도록 법령과 격식도 바꾸라." 하였다.

이런 훌륭한 부왕을 둔 아들 신문왕은 아버지께 감사함을 담아 감은사를 완공했고, 그 정성에 감동한 하늘은 만파식적(萬波息笛)에 대한 이야기로 보답한 것은 아닐까 하는 생각이 들었다. 정사를 돌보는 일이 어려울 때 대왕암에 모셔진 부왕을 뵙기 위해 달려온 신문왕은 이견대에서 나라와 백성을 돌보는 구상을 하지 않았을까?

물론 이 모든 것이 어쩌면 죽어서도 동해바다에 사는 용이 되어 왜구로부터 신라를 구하겠다고 했던 문무왕의 염원이 이루어진 결과가 아닐까 생각하지만 말이다. 요즘도 가끔 이견정(利見亭)에서 마주하는 수중왕릉(대왕암)을 보며 문무왕과 신문왕이 주고받았을 이야기를 상상해 보게 된다.

이견대에서 바라보는 수중왕릉 ⓒ이명희

05. 청더(承德) - 청나라 왕들의 휴양지

김규광

우리들이 북경여행이라면 보통 만리장성 천안문 등을 이야기하는데 북경 인근에 있으면서 역사적 유적이 많이 남아있는 청나라 왕들의 휴양지이자 제2 집무실이 있던 곳 허베이성 승덕(承德이라 쓰고 청더라 읽음)을 소개해 보겠다.

승덕시는 북경에서 동북쪽으로 250km 떨어진 하북성에 위치하며 18세기에 강(江)의 이름을 따서 "열하(熱河)"라고 불렀고, 조선시대 박지원이 쓴 <열하일기(熱河日記)>의 모태가 되는 열하가 바로 이곳 승덕이다. 모두들 알고 있는 <열하일기>는 정조 4년(1780)에 청나라 건륭제의 70세 생일을 축하하는 사절단의 일행으로 다녀온 내용을 적은 여행기로, 당시 박지원은 공식적인 벼슬이 없는 평범한 선비였다. 그러나 사절단의 수장이 영조의 부마인 금성위(화평옹주 남편) 박명원으로 박지원에게는 재종형님이 되었다. 그런 까닭으로 박지원은 건륭제의 축하사절단 일행에 합류할 수 있었다. 사절단은 황제가 있는 북경으로 출발했으나 황제는 열하인 승덕에 가 있어서 사절단은 북경에서 다시 아흐레를 달려 승덕까지 가게 되면서 그 유명한 열하일기(熱河日記)가 탄생하게 된 것이다. 승덕 지역의 대표적 관광지로는 피서산장, 소포탈라궁, 외팔묘, 경추봉 같은 곳이 있다.

피서산장(避暑山莊)의 역사

피서산장 입구에서 ⓒ김규광

피서산장은 1703년경 청나라 3대 황제인 강희제가 짓기 시작하여 옹정제(4대)를 거쳐 1790년경 건륭제(5대) 때 완성된 청나라 황제들의 별궁으로 약 200년간 사용되었으며 1994년 유네스코 세계문화유산에 등재되었다고 한다. 말 그대로 북경이 너무 더워 더위를 피한다고 해서 피서산장으로 했다고 하며, 청나라는 북방의 만주족이 명나라를 멸망시키고 건립한 왕조어서 심양을 근거지로 한 청나라 황제들에겐 북경의 날씨가 너무 더웠고, 만주족의 본거지인 심양을 자주 방문하다 보니(북경과 심양간 800km거리) 중간에 쉬어 갈 곳이 필요해서 이곳 승덕에 휴양소 겸 별궁을 만든 것 이라고 한다.

별궁의 규모는 약 5.64㎢로 자금성의 2배, 경복궁의 약 40배에 달하는 중국 최대의 정원이며, 4개 구역(궁전/호수/평원/산림) 나뉘져 있는데, 현판에는 중국어/만주어/티베트어/위구르어/몽고어가 병기되어 있어 이민족을 아우르기 위한 청나라의 정책임을 짐작하게 한다.

별궁 현판 글씨 ⓒ김규광

황제가 업무를 보고 거주하던 궁궐구역은 궁궐구역 강희전, 연화지, 만수산장 등을포함해 전체 면적의 10%였고, 인공호수와 섬으로 이루어져 작은 강남이라 불린 호수구역은 수려한 풍경으로 피서와 유람의 핵심 공간이었다.

초원지역(평원구역)에 몽골식 게르도 설치했는데, 이것은 북방 유목민과의 관계를 고려해 만들었다고 한다. 이곳에서는 사슴과 말 등의 방목이 가능했다고 하니 그 규모를 짐작할 만하다. 그 외에도 사냥이나 산책을 하며 자연을 감상하는 지역을 산림구역으로 지정해 놓을 정도였으니 경복궁의 40배였다는 크기가 가히 어마어마한 규모가 아니었을까?

그런 화려했던 피서산장은 영국과의 아편전쟁(1840)으로 수난을 당한다. 당시 영국군이 자금성으로 들어와 많은 유물을 가져가는 바람에 자금성의 빈 곳을 채우기 위해 이곳에 있던 유물들을 자금성으로 가져갔기 때문이다. 그리고 청나라 말기에 서태후가 입궁 초기 이곳 피서산장에 살면서 그 이름이 서태후가 되었다고 한다. 당시 서태후는 황제의 후궁으로 들어와서 서쪽에 있는 방을 사용하였고, 동쪽에 있는 방은 황후가 사용하여 동쪽에 있는 황후를 동태후, 서쪽에 있는 후궁은 서태후로 불리면서 지금의 서태후라는 이름이 유래하게 되었다는 것이 재미있다.

소포탈라 궁

소포탈라 궁 ©김규광

소포탈라궁은 청나라 5대 황제 건륭제가 1771년 자신의 60세 생일과 할머니인 황태후의 80세 생일을 경축하기 위해 티베트 라싸의 포탈라궁을 그대로 모방하여 지은 대규모 불교 사원이다. 원래의 포탈라궁을 모방하였다 하여 "小포탈라궁"이라고 부른다고 한다.

 이 궁전은 정치·종교 통합 시도의 일환으로 티베트, 몽골의 고위라마(승려 중 계위가 높은 고승)들을 접견하고 이민족들을 통합할 목적으로 지어졌으며 사원의 총 면적은 22만㎡에 달한다. 외관은 찬란한 금·동 기와로 장식된 지붕으로 왕실의 위엄을 잘 보여주고 있다.

소포탈라궁은 승덕에 있는 외팔묘(外八廟) 중 하나로 외팔묘는 문자 그대로 외곽에 있는 8개의 사원이라는 뜻이다. 이곳은 티베트·몽골·회족(무슬림) 등의 소수민족 지도자와 라마승들을 환대하고 청제국의 민족통합 및 종교 관용정책을 상징하기 위해 건립되었다고 한다.

외팔묘에 속하는 주요사원은 티베트식의 보타종승지묘(普陀宗乘之庙)인 소포탈라궁과 수미복수지묘(須弥福寿之庙), 보우사(普佑寺)와 청나라 제국식으로 된 보녕사(普寧寺), 안원묘(安远庙)가 있다. 특히 보녕사에는 세계에서 가장 큰 목조불상이 있어 관광객이 많이 찾는 곳이다. 또 몽골식인 보락사(普樂사)와 회족식의 보제사(普济寺)가 있다. 그러나 전통 라마식의 수미여경지묘(須弥灵境之庙)는 현존하지 않아서 아쉽다.

이외에도 기암괴석과 숲의 명승지인 해발 596m의 경추봉(磬錘峰/거꾸로 매달린 방망이 모양의 봉우리)과 인근에 "금산령 만리장성"이 있다.

만리장성은 동쪽 산해관에서부터 서쪽 끝인 가유관까지 6,350km에 걸쳐 있음으로(이전에 우리는 10리가 4km로 알고 있었는데 한국과 중국의 기준이 다른 것 같다) 지금도 각 지역마다 만리장성을 관광지로 개발하여 OO장성이라 부르고 있으며, 북경만 해도 3개의 장성 관광지가 있다.

(1) 팔달령장성(八達嶺長城/빠다링장청)
  : 북경시 연경구에 있으며 가장 유명한 곳이다.
(2) 모전욕장성(慕田峪長城/무티엔위장청)
  : 북경시 회유구에 있으며 케이블카와 하산시 삭도가 유명하

며,

(3) 사마대장성(司马台長城/스마타이장청)

  : 북경시 밀운구에 있고, 가장 원형에 가깝게 보전되어 있다.

중국에는 거대한 땅 덩어리 만큼이나 많은 소수민족들이 살고 있다. 지금 알려진 바로는 한족 외에 55개의 소수민족이 있다고 한다. 그런데 그들의 역사는 점점 중국화 되고 있다고 들었다. 우리 역사에 속하는 고구려도 지금은 중국의 영토에 속해서 그 역사조차도 중국의 소수민족 역사로 편입시키고 있는 실정이다. 만리장성 또한 처음보다 그 길이가 점점 늘어나고 있다고 하니 남북으로 갈린 우리 민족의 근거지인 백두산 영역까지 만리장성이 쌓이는 건 아닐까 하는 걱정이 앞선다.

앞으로 중국을 관광할 기회가 있다면 천안문이나 만리장성을 보는 것도 좋지만 청나라 왕들의 휴양지였고, 서태후가 지냈던 피서산장이 있는 승덕을 꼭 한번 방문하기를 추천한다. 그곳에서 연암(燕巖)이 다녔을 장소를 따라 돌아보는 것도 의미가 있을 것 같다는 생각이 들었기 때문이다.

06. 선도산(仙桃山)이 들려주는 전설과 신화의 이야기

남재칠

신라의 영혼, 선도산(仙桃山)

경주! 신라 천년의 고도 서라벌의 서쪽을 묵묵히 지키고 선 산! 선도산(仙桃山)이다.

경주 서쪽 형산강 너머에 우뚝 솟은 선도산은 단순한 산이 아니다. 해발 390m의 그리 높지 않은 봉우리이지만, 이 산은 단순한 지리적 지형을 넘어 신라 천년의 역사와 철학, 신앙, 그리고 삶의 숨결이 응축된 살아있는 보고(寶庫)이다.

서라벌을 품고 있는 선도산 ⓒ남재칠

신라 사람들에게 선도산은 '서악(西岳)'으로 불리며, 국가적 제사의 대상이자 신화적 기원의 장소였다. '선도(仙桃)'라는 이름은 삼국유사의 '선도성모수희불사' 설화에서 유래하며, 신선이 머무는 복숭아의 산이라는 뜻을 지닌다. 이 산은 신라의 건국신화·불교적 이상향·도교적 신선 사상·민간신앙이 교차하는 복합적 성지였다. 선도산은 신라의 지리적 중심에서 서쪽을 담당하며, 형산강을 경계로 경주의 왕도와 구분되는 신성한 공간으로 여겨졌다. 이곳은 단순한 자연경관을 넘어, 신라의 정신적·종교적 세계관을 구현하는 장소였다.

나는 종종 선도산에 오른다. 도시의 소음에서 벗어나, 경주를 다시 바라보기 위해서다. 선도산은 마치 신라의 모든 것을 담아낸 거대한 결정체처럼, 이 땅 위에 부처의 가르침으로 이루어진 이상적인 나라, 즉 불국토(佛國土)를 실현하려 했던 신라인들의 간절한 꿈이 아로새겨진 성스러운 땅이다. 선도산은 늘 경주 역사의 심장부에서 그 존재감을 드러내며, 오늘날에도 그 품 안에서 신라의 모든 이야기를 들려주고 있다.

경주는 선도산을 닮았다. 겉으로는 조용하지만, 그 안에는 수많은 이야기가 흐른다. 선도산은 경주의 심장이다. 토함산 능선, 금강산, 명활산, 단석산, 낭산도리천, 나정과 계림, 남산의 능선, 대릉원의 고분, 첨성대의 돌탑, 오릉, 황룡사지, 분황사, 월성과 동궁월지, 아직 확실치 않지만 초기 왕궁인 금성, 경주의 모든 것이 한눈에 들어온다. 선도산이 품고 있는 다채로운 사상과 유물, 신화적 이야기들을 통해 신라의 본질을 품고 있는 선도산을 통해 다가가 보고자 한다.

신라의 오악(五嶽)과 사방정토(四方淨土)의 염원

 신라의 세계관은 독특하고 다층적이었다. 그 중심에는 국가를 구성하는 다섯 개의 신성한 산, 즉 오악(五嶽) 숭배 사상이 자리 잡고 있었다. 오악은 신라 건국 초부터 중요한 산으로 인식되었으며, 신라가 삼국을 통일한 후에는 국토의 확장과 더불어 그 위상과 역할이 더욱 강화되었다. 오악은 단순히 영토의 경계를 나타내는 지리적 표지가 아니라, 신라라는 국가 자체가 신의 가호 아래 존재하는 이상적인 땅, 즉 불국토(佛國土)임을 상징하는 거대한 종교적 시스템이었다.

신라 오악은 신라 시대 국가의 제사 대상이 되었던 다섯 산악이다. 삼국통일 이전에는 경주 주변의 동악 토함산, 서악 선도산, 남악 함월산, 북악 금강산, 중악 단석산이었다. (남산은 왕궁의 일부로 인식)

통일 이후에는 국토의 사방과 중앙에 있는 산악으로 확대되어 토함산, 계룡산, 지리산, 태백산, 팔공산으로 변하였다. <삼국사기> 권 제32 잡지에는 오악에 대한 제사 기록이 등장하며, 각 산은 국가의 중사(中祀)로서 제사의 대상이 되었다. 이는 신라가 전국의 명산대천에 대한 국가의 제사권을 장악하고, 민심을 수습하며 통치권의 정당성을 확보하기 위한 전략이었다.

 오악 숭배가 토착 신앙에서 비롯되었다면, 여기에 불교의 정토(淨土) 사상이 결합되며 신라의 우주관은 더욱 심오해졌다. 정토는 부처나 보살이 머무는 번뇌와 고통 없는 깨끗하고 아름다운 세계로, 중생이 번뇌와 고통으로 가득한 '사바세계'를 벗어나 궁극적인 안식을 얻을 수 있는 이상향이다. 이러한 정토의 개념은 더욱 확장되어, 동서남북 네 방위에 각기 다른 부처님이 다스리는 이상적인 정토가 존재한다는 사방정토(四方淨土) 사상으로 발전했다. 이는 우주의 모든 방향에 부처님의 자비와 구원의 빛이 두루 미치고 있음을 상징하며, 중생이 어디에서든 깨달음을 향해 나아갈 수 있다는 희망을 안겨주었다.

동방정토(東方淨土)는 약사여래의 유리광정토(琉璃光淨土) 동방유리광정토는 약사여래(藥師如來)가 다스리는 정토이다. <약사유리광여래본원경>에 따르면, 약사여래는 깨달음을 얻기 전 12가지 큰 서원을 세워, 모든 중생의 질병을 치유하고 고통을 소멸시키며, 의식을 풍족하게 하고 해탈의 길로 인도하겠다고 맹세했다. 신라에서 약사여래 신앙은 현세의 복락, 즉 질병 치유, 수명 연장, 재물 증대 등과 같은 현실적인 바람과 밀접하게 연결되었다. 특히 국가적 재난이나 왕실의 질병 발생 시, 약사여래 신앙에 의지하여 이를 극복하고자 하는 경향이 컸다. 신라인들이 국가와 백성의 질병 치유와 평안, 풍요로운 수확을 빌었을 때 약사여래 신앙은 중요한 정신적 지주가 되었다. 이는 건강과 풍요를 염원했던 당시 신라인들의 실질적인 바람과도 잘 맞아떨어져, 왕실과 백성 모두에게 깊은 영향을 미쳤다.

서방정토(西方淨土)는 아미타여래의 극락정토(極樂淨土) 서방정토는 가장 널리 알려지고 대중적으로 신앙되었던 아미타여래(阿彌陀如來)의 극락정토(極樂淨土)이다. '극락'은 아무런 괴로움

없이 지극한 즐거움만 있는 세계를 뜻한다. <무량수경>과 <아미타경>에 따르면, 아미타불은 과거세에 법장비구(法藏比丘)로서 48대원(大願)을 세워, 자신을 믿고 염불하는 모든 중생을 극락정토로 이끌겠다고 맹세했다. "나무아미타불"이라는 육자-명호(六字名號)를 간절히 염불하기만 해도 죽은 후 극락정토에 왕생(往生)할 수 있다는 교리는 당시 복잡한 불교 교리에 접근하기 어려웠던 일반 백성들에게 큰 희망과 위안을 주었다. 이는 현세의 고통을 넘어 내세의 구원을 갈망했던 신라인들의 간절한 염원이 투영된 것이었다. <삼국유사>에는 원효대사나 의상대사 등 고승들뿐만 아니라, 많은 민중들이 아미타불을 염송하며 극락왕생을 염원했다는 기록이 다수 남아있어, 아미타 신앙이 신라 사회 전반에 걸쳐 얼마나 깊이 뿌리내렸는지를 알 수 있다.

남방정토와 북방정토는 남방과 북방에도 각각 보생여래(寶生如來), 불공성취여래(不空成就如來) 등이 다스리는 정토가 있다고 보았지만, 동방 약사여래와 서방 아미타여래만큼 대중적으로 널리 알려지지는 않았다. 그러나 사방정토 사상 전반은 경주 굴불사지(백률사 입구) 석조 사면불상(四面佛像)처럼 동서남북 사면에 불상을 조각하는 형태로 구현되어, 이 땅이 부처님의 자비가 두루 미치는 불국토임을 시각적으로 선포했다. 이러한 사방불 신앙은 대승불교 발달과 더불어 성행한 한 형태로, 신라가 이 땅을 불국정토로 만들고자 했던 염원을 보여주는 중요한 증거이다.

선도산은 오악 중 서악으로서, 그 지리적 방위가 서방정토의 개념과 연결되었다. 신라인들은 현세의 서라벌을 불국토로 구현하고자 했고, 서악인 선도산은 불국토 경주의 서쪽을 영적으로 수호하며, 백성들이 죽어서는 아미타불의 극락정토에 왕생할 수 있기를 염원하는 신성한 공간이 되었다. 이처럼 선도산은 지리적, 사상적, 신앙적으로 신라의 정체성을 구성하는 핵심축이었으며, 이 땅 위에 구현하고자 했던 불국토의 꿈을 지탱하는 강력한 상징이었다. 선도산의 품 안에는 이 땅을 불국토로 삼으려 했던 신라인들의 철학적 우주관과 간절한 염원이 오롯이 담겨 있었다. 오악과 사방정토 사상은 서로 다른 기원을 가지지만, 신라 사회에서는 국가적 통합과 종교적 위안이라는 공통의 목적 아래 조화롭게 융합되어 신라만의 독특한 불교 국가관을 형성하는 데 지대한 영향을 미쳤다.

신라 건국 신화와 서왕모(西王母), 선도산 성모(聖母)

선도산의 신성함은 신라 건국의 신비로운 이야기와도 깊이 연결된다. <삼국유사> 권 제1 '기이(紀異) 제1 박혁거세(朴赫居世)'조에 따르면, 신라의 시조 박혁거세는 기원전 69년 경주 나정(蘿井) 우물가에서 백마가 남긴 큰 알에서 태어났다고 전한다. 이 알에서 태어난 아이의 몸에서는 광채가 뿜어져 나왔고, 백마는 하늘로 날아올랐다. 같은 날, 알영정(閼英井)이라는 우물가에서는 용이 나타나 아리따운 계집아이 알영(閼英)을 낳았다고 한다. 이 신비로운 박혁거세와 알영의 탄생 설화는 신라라는 국가가 평범한 인간의 힘이 아닌, 하늘의 계시와 신성한 힘에 의해 세워졌음을 천명하는 것이었다. 육부촌(六部村)의 촌장들이 신령스러운 인물을 찾아 왕으로 세운다는 이야기는 왕권의 정통성을 신화적 상상력으로 보장하는 동시에, 신라를 '동방의 신성한 나라', '신의 축복을 받은 불국토'로 인식하게 하는 중요한 근거가 되었다.

이 신성한 블국토를 영원히 수호하는 존재가 바로 선도산 성모(仙桃山聖母)이다.

그녀는 신라 역사 전반에 걸쳐 신라인들의 정신세계를 지탱하는 중요한 구심점이었다. <삼국유사> 권 제5 '감통편(感通篇) 제7 선도성모 수희불사(仙桃聖母隨喜佛事)' 조에 따르면, 그녀는 면 이역, 중국 서왕모(西王母)의 딸로서 신라로 넘어와 나라를 보호하는 수호신이 되었다고 기록되어 있다.

서왕모는 중국 신화와 도교에 등장하는 최고의 여신이자 모신(母神)이다. '서왕모'라는 이름은 서쪽을 다스리는 여왕을 의미하며, 요지금모(瑤池金母)와 같은 다양한 별칭으로도 불린다. 서왕모의 기원은 매우 오래되었으며, 그 이미지는 시대에 따라 변화 발전했다.

<산해경(山海經)> 등 고대 문헌을 보면, 서왕모의 최초 형상은 "사람의 얼굴에 표범의 꼬리와 호랑이 이빨을 가졌으며, 휘파람을 잘 분다(其狀如人, 豹尾虎齒而善嘯)"고 묘사되기도 했다. 이는 초자연적이고 다소 무섭거나 신비로운 야성적인 신의 이미지를 반영하며, 때로는 전쟁과 질병, 재앙을 주관하는 신으로 여겨지기도 했다. 그녀는 서쪽의 오지, 불모의 땅을 다스리는 초인적인 존재였다.

한(漢)나라 시대 이후 도교가 발달하면서 서왕모의 이미지는 크게 변화하고 그 위상은 더욱 확고해졌다. 도교가 불로장생과 신선 사상을 추구함에 따라, 서왕모는 바로 이러한 불사의 신선들을 총

괄하는 지위에 있는 가장 높은 여신이 되었다. 그녀는 인간에게 불사의 약, 즉 선약(仙藥)이나 삼천 년에 한 번 열매 맺는 불사의 복숭아(蟠桃)를 내려주는 존재로 알려져 있다.

　서왕모는 신화 속 신비로운 곤륜산에 살며, 특히 요지(瑤池)라 불리는 아름다운 연못에서 선녀들과 함께 거한다고 묘사된다. 이 요지에서 열리는 불사의 복숭아 연회(蟠桃會)는 유명한 신화적 사건으로, 하늘의 신선들을 초대하여 불사의 복숭아를 나누어 먹는 잔치이다. <서유기>에서 손오공이 반도회를 망쳐 천궁을 뒤집어 놓는 장면은 이러한 반도회의 중요성을 잘 보여준다. 도교 세계에서 서왕모는 남신선을 총괄하는 동왕공(東王公)과 대등한 존재로, 모든 여신선들을 다스리고 이끄는 최고 지도자이다. 그녀의 주위에는 푸른 새(靑鳥) 등 신령한 동물들이 그녀를 보좌한다.
　주(周) 목왕(穆王)이 서역을 순행하다 곤륜산에서 서왕모를 만나 연회를 즐겼다는 이야기, 활의 명인 **후예(后羿)**가 서왕모로부터 불사약을 받았으나 아내인 항아(嫦娥)가 그 약을 훔쳐 달로 달아났다는 항아奔月(항아분월) 신화 등은 서왕모와 관련된 가장 유명한 전설들이다.

　서왕모는 이처럼 시대와 사상의 변화에 따라 이미지가 변화하면서도, 항상 신비롭고 강력한 권능을 가진 존재로서 동아시아 문화권 사람들의 상상력을 자극하고 삶과 죽음, 그리고 영생에 대한 염원을 반영하는 중요한 여신으로 자리매김했다.

　신라가 자국의 수호신을 중국의 최고 여신인 서왕모의 딸과 연결한 것은 매우 흥미롭다. 이는 고대 신라가 외교적, 문화적 교류에 적극적이었으며, 외부의 문물을 거부감 없이 받아들이고 자신의 역사와 신앙 체계에 유연하게 융합시켰던 개방적인 문화적 태도를 여실히 보여준다. 이역의 신을 자신들의 땅의 수호신으로 받아들이는 것은 신라인들의 융통성 있고 실용적인 세계관을 반영한다. 동시에, 중국의 권위 있는 신화를 끌어들여 신라 수호신의 위상과 신성함을 한층 더 강화하려는 정치적, 문화적 의도가 내포되어 있다.

성모는 단순히 토착 산신에 머물지 않았다. 신라에 불교가 전래되고 정착하는 과정에서, 그녀는 불법(佛法)을 수호하는 신성한 어머니로 위상이 격상되었다. <삼국유사>에는 성모가 신라의 주요 승려들에게 나타나 도움을 주는 이야기들이 여럿 전해진다.
신라의 고승 원광법사(圓光法師)가 수(隋)나라에서 유학을 마치고 신라로 돌아올 때 선도산 성모가 나타나 불경 번역 사업을 적극적으로 도울 것을 당부했다고 전한다.
삼국 통일 직후 외세의 위협이 높았던 문무왕 때, 명랑법사(明朗法師)가 당나라 군대를 물리치기 위해 신비로운 힘을 빌려 사천왕사(四天王寺)를 창건하려 할 때도 성모가 나타나 돕는 등의 일화가 있다. 신라 제35대 경덕왕(景德王)이 성모에게 향(香)을 올리며 나라의 평안을 기원했다는 기록도 있다.

이러한 이야기들은 불교가 신라의 기존 토착 신앙 체계를 단순히 배척한 것이 아니라, 흡수하고 융합하여 더욱 강력하고 포용적인 신앙으로 발전시켰음을 상징적으로 보여준다. 성모는 또한 나라에

재난이 닥치거나 외적의 침입이 있을 때 왕이나 승려들에게 현몽
(現夢)하여 계시를 내리기도 했으며, 백성들에게는 풍요와 생명을
안겨주는 자애로운 어머니 신이었다. 왕실에서 백성에 이르기까
지, 모든 신라인들은 삶의 중요한 고비마다 선도산 성모에게 염원
하고 의지했다. 오늘날 선도산 정상 부근에 남아있는 성모비(聖母
碑)는 이 모든 믿음이 돌에 새겨져 천년의 시간을 건너 우리에게
말을 걸고 있는 생생한 증거이다. 비록 마멸되어 그 비문이 정확히
남아있지 않지만, 그 존재 자체만으로도 선도산 성모에 대한 신라
인들의 깊은 숭배를 짐작하게 한다. 선도산 성모는 이처럼 토착 신
앙, 도교, 불교의 사상이 복합적으로 융합된 신라인들의 다층적이
고 포용적인 신앙 세계를 대변하는 상징과도 같다.

성모사와 ‘성모구기(聖母舊基)’ 암각 ⓒ남재칠

선도(仙道)의 의미와 마애여래삼존불(磨崖如來三尊佛)

선도산은 불교적 색채 외에 또 다른 깊은 사유의 층위를 지니고
있다. 산의 이름인 ‘선도(仙道)’ 자체가 말해주듯, 이 산은 신선
의 길, 즉 도교적 사상과도 깊이 맞닿아 있다. ‘선도(仙道)’는

인간이 자연과 하나 되어 도를 깨닫고 궁극적으로 신선이 되는 길을 의미한다. 선도산은 그 이름처럼 신선이 머물거나 신선계로 통하는 문턱에 서 있는 산으로 여겨졌다.

신라에서 도교는 불교만큼 대중적으로 널리 퍼지지는 않았지만, 왕실과 귀족층 사이에서 불로장생(不老長生), 현세 안녕, 그리고 현실 초월적 깨달음을 추구하는 형태로 존재했다. <삼국유사> '선도성모 수희불사' 조에는 "예전부터 전해 내려오기를(선도산은) 본래 중국에서 왔다"고 기록하며, 성모가 중국 서왕모의 딸이라는 배경을 통해 도교적 신선 사상과의 연관성을 강조한다. 또한, 신라의 지성인들이 이 산에 올라 수도와 명상을 통해 자연과 합일하고자 했다는 기록들은 선도산이 도교적 사유를 위한 최적의 공간이었음을 뒷받침한다.

도교는 노장사상을 기반으로 무위자연(無爲自然)의 삶과 현실 초월을 강조한다. 인간이 욕망을 버리고 자연의 이치에 순응하면 육신은 비록 죽어도 정신은 영원히 살아남는다는 신선 사상을 추구했다. 선도산은 바로 이러한 도교적 수행을 위한 이상적인 공간이었다. 이곳은 인간의 속세적 욕망이 잠시 멈추고, 대자연의 질서와 조화를 오롯이 느낄 수 있는 성스러운 공간이었다. 신라의 지식인들은 때때로 이곳에서 자연을 벗 삼아 노장 사상의 '소요유(逍遙遊)' 적 삶을 꿈꾸며, 정신적 자유와 해탈을 추구했을 것이다. 선도산에서 발견되는 고대 도교 관련 유물이나 전설은 이 산이 불교와 토속 신앙 외에 또 다른 심오한 철학, 즉 도교의 요람이었음을 보여준다.

선도산은 단순히 물리적인 산이 아니라, 인간과 우주의 경계를 넘나드는 심오한 사유의 공간이며, 신라의 다층적 정신세계가 교차하는 지점이었다. 그 안에는 불교적 자비와 도교적 무위(無爲), 그리고 자연에 대한 경외가 한데 어우러진 복합적 사유가 흐르고 있으며, 오늘날에도 그 철학은 산의 고요함 속에 살아 숨 쉬는 듯하다. 선도산은 이처럼 신라의 다각적인 정신세계, 즉 불교와 도교, 토착 신앙이 서로 배척하지 않고 상생하며 공존했던 포용의 미학을 오롯이 보여주는 거울과 같다.

이러한 사유는 선도산 남쪽 자락, 거대한 암벽에 새겨진 마애어래삼존입상(磨崖三尊佛)에서 시각적으로 극대화된다. 이 불상은 선도산이 불교적으로 얼마나 중요한 공간이었는지를 보여주는 상징적인 유물이다. 국보 제199호로 지정되어 있으며, 높이 약 7.5m에 달하는 이 거대한 마애불은 바위를 그대로 부처의 모습으로 형상화하여 자연의 웅장함과 불교 예술의 고요한 아름다움이 조화롭게 어우러진 걸작이다. 이는 단순히 돌을 깎은 조각을 넘어, 대자연 속에 부처님의 자비와 깨달음이 스며들어 있음을 시각적으로 구현한 것이다.

마애삼존불은 중앙에 본존불을 중심으로 좌우에 협시보살(脇侍菩薩)이 배치된 삼존불 형식으로, 통일신라 불상의 전형적인 특징을 보여준다. 풍만한 얼굴과 온화한 미소를 머금고, 부드럽고 유려하게 흐르는 옷 주름을 지닌 이 불상들은 천년의 풍화에도 불구하고 자애로운 빛을 잃지 않고 있다. 특히 본존불의 통견(通肩, 양 어깨를 덮는 승복 양식) 법의 표현과 오른손은 시무외인(施無畏印,

두려움을 없애주는 인상), 왼손은 여원인(與願印, 소원을 들어주는 인상)을 취하고 있어, 중생에게 두려움을 없애고 소원을 들어주는 부처님의 자비로운 모습을 표현하고 있다. 이는 당시 신라 조각가들의 뛰어난 예술성을 증명하며, 자연의 거친 암벽을 부처의 자비로운 모습으로 승화시킨 그들의 통찰력과 기술력을 엿볼 수 있게 한다. 조성 연대는 통일신라 초기로 추정되며, 불상의 양식은 서역과 중국의 영향을 받아 신라적 특색으로 승화시킨 통일신라 불상의 특징을 잘 보여준다.

마애여래삼존불과 성모당, 그 뒤 '성모구기(聖母舊基)' 암각 ⓒ
남재철

마애여래삼존불은 선도산 성모 신앙의 중심에 불교의 이상을 덧입힌 것으로, 산에서 길을 가다 문득 부처를 만나는 체험을 제공하며 신라인들이 이 땅에서 정토의 가르침을 일상 속에서 마주할 수 있도록 했다. 즉, 불국토가 멀리 동떨어진 이상향이 아니라, 바로

267

우리 눈앞의 자연 속에, 이 산속에 구현될 수 있음을 마애삼존불은 조용히 속삭이는 듯하다. 이곳은 종교적 수행과 자연 숭배가 결합된 신라인들의 독특한 신앙생활을 보여주는 중요한 증거이며, 자연을 거스르지 않고 자연 속에 불상을 새김으로써 불교적 이상을 현실 공간에 구현하고자 했던 신라인들의 철학을 보여준다. 마애불 앞을 지나는 이들에게 그 온화한 미소는 시대를 초월한 위로와 평온을 선사한다.

서악동 고분군과 <삼국유사> 문희 이야기

선도산 기슭은 신라의 중요한 왕들이 영원한 안식에 든 곳이다. 태종무열왕릉을 비롯한 서악동 고분군은 이 산이 뛰어난 풍수지리적 명당이었음을 증명한다. 태종무열왕릉 주변에는 비정(比定: 정황으로보아 추정)된 법흥왕, 진흥왕, 진지왕, 문흥대왕(김용춘)의 무덤으로 추정되는 왕릉들이 밀집해 있으며, 이는 신성한 선도산이 왕실의 영원한 안식처로 인식되었음을 보여준다. 왕들은 죽어서도 신성한 선도산의 기운을 받아 나라와 후손들을 보살펴주기를 염원했고, 자신들의 영혼이 이 땅 위에 구현된 불국정토에서 영원한 평안을 누리기를 바랐다. 추사 김정희는 이 고분들을 진흥왕, 진지왕, 문성왕, 헌안왕의 무덤으로 추정하기도 하였다.

서악동 고분군에 포함된 고분들은 대부분 원형 봉토분(圓形封土墳)으로 웅장한 규모를 자랑한다. 내부 구조는 횡혈식 석실분(橫穴式石室墳)이 주를 이루는데, 이는 도굴에 취약하여 많은 유물이 유실되었을 가능성을 암시한다. 이 고분군 중 가장 대표적인 것은 태종무열왕릉이다. 삼국통일의 기틀을 마련한 김춘추(金春秋)

의 능인 무열왕릉은 그 규모와 함께 앞쪽에 위치한 거대한 비석 받침인 귀부(龜趺)로 그 위용을 자랑한다. 이 귀부는 신라 통일기 왕릉 양식의 변화를 보여주는 중요한 유물이며, 비문이 남아있지 않지만 '태종무열왕릉'이라는 비액이 얹혀 있었던 흔적을 통해 이 능이 무열왕의 것임을 분명히 한다.

<삼국사기>와 <삼국유사>는 왕릉 조성의 기록을 통해 왕권의 강화와 신라 사회의 안정화를 엿볼 수 있는 중요한 단서를 제공한다. 정확한 피장자(被葬者)가 확인된 능은 무열왕릉 뿐이며, 나머지 대형 고분들에 대해서는 여전히 학술적인 논의가 활발히 이루어지고 있다. 일부에서는 진흥왕, 진지왕, 문성왕, 헌안왕 등의 능으로 추정하기도 한다. 이 고분들은 통일신라 시대 왕릉들의 전반적인 양식과 특징을 연구하는 데 매우 중요한 자료를 제공하며, 신라 중고기에서 통일신라 초기까지의 왕릉 문화를 보여주는 중요한 시계열 자료가 된다.

<삼국유사> 권 제1 '기이(紀異) 제1 태종춘추공(太宗春秋公)' 조에 기록된 문희(文姬) 이야기는 성스러운 산을 배경으로 한 인간사의 드라마를 펼쳐 보인다. 이 이야기는 신라인들의 꿈에 대한 강렬한 믿음, 정치적 책략의 치밀함, 그리고 신분 상승의 욕망이 뒤섞인 아주 극적인 서사를 담고 있다.

김유신(金庾信)의 맏누이 보희(寶姬)는 어느 날 밤 기이한 꿈을 꾼다. "선도산(仙桃山) 꼭대기에 올라가 온 경주(서라벌)에 오줌을 누는데, 그 오줌이 수도에 가득 차 흘러넘치다가, 마침내 온 나

라를 덮는 꿈을 꾸었다." 잠에서 깬 보희는 놀라 이 꿈 이야기를
아우 문희(文姬)에게 들려준다.

문희는 언니의 꿈이 매우 상서롭고 큰 의미를 지닌 것임을 직감한
다. 온 나라를 오줌으로 덮는 꿈은 곧 "나라를 지배할 위대한 인
물이 될 것"이라는 상서로운 징조였던 것이다. 문희는 보희에게
꿈을 팔라고 제안한다. 보희가 주저하자, 문희는 자신의 아름다운
비단 치마 한 벌(錦裙一腰)을 주겠다며 간절히 청한다. 결국 보희
는 비단 치마를 받고 "네가 꿈을 샀으니, 이 꿈은 너의 것이다!"
라고 말하며 꿈을 팔았음을 확인시켜 준다. 이 '매몽(買夢, 꿈을
사다)' 행위는 고대인들의 꿈이 단순한 환상이 아니라 현실에 강
력한 영향을 미치는 예언적 가치를 지닌다고 믿었으며, 그 길한 효
력을 금전이나 귀한 물건을 대가로 주고 살 수 있다고 믿었던 당시
신라인들의 독특한 풍습을 생생하게 보여준다. 문희는 단순한 욕
망을 넘어, 자신의 운명을 개척하려는 적극적인 의지를 지닌 현명
하고 담대한 인물로 그려진다.

훗날 김유신은 자신의 누이를 김춘추(金春秋, 훗날 태종무열왕)
에게 시집보내 가문의 위상을 높이려는 야심을 품고 치밀한 계획
을 세운다. 김유신은 가야계 출신으로 신라의 엄격한 골품제 아래
에서 진골 성골보다 차별을 받았다. 따라서 왕족과의 혼인은 김유
신 가문이 신라 정치의 핵심으로 진입할 수 있는 절호의 기회였다.
그는 춘추공을 자신의 집으로 초대하여 함께 격구(擊毬) 놀이를
하던 중, 고의로 춘추공의 옷고름을 밟아 찢어지게 한다. 그리고는
찢어진 옷을 수선하라며 그를 자신의 집으로 유인한다. 김춘추가

김유신 집에 당도했을 때, 미리 앉아 있던 언니 보희는 황급히 자리를 피했지만, 문희는 옷을 수선하겠다는 명목으로 남아 춘추공을 맞이한다. 이 만남을 계기로 두 사람은 서로 정을 통하게 되고, 문희는 김춘추의 아이를 갖게 된다.

문희가 임신하자, 김춘추는 자신에게 막중한 왕위 계승의 부담이 있었으므로 책임을 미루고 문희를 찾아오지 않았다. 이에 김유신은 다시 꾀를 낸다. 그는 거짓으로 유람을 나간 체하고, 어느 날 때 아닌 가을에 집 마당에 땔감으로 큰불을 지피기 시작한다. 그리고는 사람들에게 자신의 누이 문희가 남자와 간통하여 임신했으니, 그 더러움을 없애기 위해 불태워 죽이려 한다고 떠벌리고 다닌다. 김유신이 피운 불꽃은 왕궁에서도 보일 정도로 하늘 높이 치솟았고, 당시 왕위에 있던 선덕여왕(善德女王)은 연기가 피어오르는 것을 보고 연유를 묻는다. 시종이 "김유신의 누이가 임신을 하였는데 그 남편이 누구인지 알지 못하여, 김유신이 그녀를 불태워 죽이려 합니다"고 아뢰자, 여왕은 "그렇다면 누가 그 누이를 임신하게 한 것이냐?" 하고 묻는다. 이때 왕의 곁에 앉아 있던 춘추공은 여왕의 압박에 시달리고, 결국 선덕여왕은 김유신 가문의 명예를 존중하고 왕실의 혼란을 막기 위해 두 사람에게 결혼을 명한다. 이리하여 김춘추와 문희는 공식적으로 결혼하게 되고, 문희는 김춘추의 아내가 되어 훗날 신라 삼국통일의 대업을 완성하는 제30대 문무왕(文武王)의 어머니가 된다. 김춘추가 제29대 태종무열왕으로 즉위하자, 문희는 문명왕후(文明王后)로 추존되어 신라 최고 지위에 오르게 된다. 이로써 문희가 비단 치마를 주고 샀던 보희의 "나라를 덮는 오줌 꿈"은 정확히 현실이 된 것이다.

이 문희 이야기는 단순한 전설을 넘어 다음과 같은 심오한 의미를 지닌다. 첫째, '매몽'이라는 행위를 통해 꿈이 단순한 환상이 아니라 현실에 영향을 미치는 예언적 가치를 지닌다고 믿었던 당시 신라인들의 세계관을 생생하게 보여준다. 둘째, 김유신이 자신의 가야계 혈통이라는 골품제의 한계를 극복하고 신라 권력의 중심에 서기 위해 얼마나 치밀하고 대담한 전략을 구사했는지 명확하게 보여주는 역사적 기록이다. 이는 김유신이 단순한 무장이 아니라 뛰어난 정치 감각을 지닌 인물이었음을 입증한다. 셋째, 왕실 혼사가 단순한 남녀의 결합이 아닌, 왕권 강화와 주요 가문 간의 정치적 연합이라는 측면에서 이루어졌음을 드러낸다. 넷째, 문희는 비록 직접적인 권력을 행사하지 않았지만, 그녀의 임신이라는 '결정적 사건'과 이를 둘러싼 김유신의 책략, 그리고 선덕여왕의 현명한 개입을 통해 신라 사회에서 여성의 역할(비록 간접적이지만)과 왕실의 혼사가 얼마나 중요한 의미를 가졌는지를 보여준다. <삼국유사>는 이처럼 설화적 요소와 역사적 사실을 뒤섞어 신라의 중요한 인물과 사건을 흥미롭게 풀어내는 서사 방식을 엿볼 수 있게 하는 귀중한 자료이다. 서악동 고분군에 잠든 태종무열왕과 그의 왕후 문희는 선도산이 품은 인간사의 굴곡과 욕망, 그리고 운명적 서사를 보여주는 가장 극적인 증거인 셈이다.

선도산 동남쪽 능선의 남산과 월성을 바라 보고있는 서악동 고분
군 ⓒ남재철

서악동 삼층석탑(西岳洞 三層石塔)

 선도산 자락에는 신라의 독창적인 건축 양식을 엿볼 수 있는 서악
동 삼층석탑(西岳洞 三層石塔)이 고즈넉이 자리 잡고 있다. 보물
로 지정되어 있는 이 탑은 통일신라 시대에 조성되었으며, 경주 무
열왕릉 동북쪽의 경사진 언덕에 위치한다. 이 석탑은 일반적인 신
라 석탑과는 다른 독특한 양식을 지니고 있어, 당시 석탑 건축의
다양성을 보여주는 중요한 유물이다.

 이 탑의 가장 눈에 띄는 특징은 바로 일반적인 신라 석탑과는 다
른, 매우 독특한 형식의 기단(基壇)이다. 대부분의 통일신라 삼층
석탑이 이층 기단을 사용하는 데 반해, 서악동 삼층석탑은 지대석
위에 크고 네모난 석괴형(石塊形) 돌 8장을 2단으로 쌓아 정육면

273

체의 이형(異形) 받침돌을 구성했다. 이는 벽돌로 쌓은 전탑(塼塔)을 모방한 모전석탑(模塼石塔) 계열의 특징을 잘 보여준다. 이독특한 기단부는 다른 통일신라 석탑에서 찾아보기 힘든 양식으로, 기단 위에는 3단의 탑신 굄돌을 두어 1층 탑신을 받치고 있는데, 이는 경주 남산동 동·서 삼층석탑(보물)을 모방한 것으로 보이나, 그 처리 방식에서는 차이를 보인다. 이는 통일신라 초기에 다양한 지역적 특색과 실험 정신이 발휘되었음을 보여준다.

기단 위로는 3층의 탑신(塔身)이 안정감 있게 쌓아 올려져 있다. 각 층의 몸돌(옥신, 탑의 몸통)은 하나의 돌로 되어있으며, 1층 옥신(면석)에 문의 형태를 얕게 새겨 넣었으며, 문 옆에는 금강역사(金剛力士)를 의미하는 듯한 인왕상(仁王像)을 한 구씩 조각하여 문을 향해 서 있는 듯한 모습을 표현했는데, 현재는 남쪽 면에만 남아있다. 이는 당시 신라 석탑에서 흔히 볼 수 있는 장식 양식 중 하나이다.

서악동 3층석탑 ⓒ남재칠

 지붕돌(옥개석) 역시 각 층이 하나의 돌로 이루어져 있으며, 밑받침(받침부)은 각 층마다 5단씩 층급을 두어 견고함을 더했다. 윗면의 층급(옥개받침)도 뚜렷하게 표시하였고, 처마는 직선으로 평행을 이루고 있어 전체적으로 안정적이고 장중한 느낌을 준다. 아쉽게도 탑의 가장 꼭대기를 장식하는 머리 장식인 상륜부(相輪部)는 현재 남아 있지 않지만, 탑의 전체적인 비례와 안정적인 형태를 통해 당시 불탑이 지향했던 이상적인 모습을 짐작할 수 있다.

 높이 5.1m의 이 탑은 통일신라 시대에 조성된 삼층석탑 중에서도 매우 독특한 양식적 특징을 지니고 있어, 당시 석탑 건축 양식의 흐름과 다양성을 연구하는 데 중요한 자료가 된다. 특히 기단의 독특한 형태는 전탑의 영향을 받아 새로운 시도를 했던 신라 장인들의 역량과 실험 정신을 보여주는 귀한 증거이다. 서악동 삼층석탑은 신라의 전형적인 아름다움을 간직하면서도, 기존의 틀을 벗어나 새로운 조형미를 추구했던 당시 건축 양식의 실험 정신을 보여주는 귀한 문화유산으로서, 선도산의 품 안에서 천년의 역사를 증언하고 있다. 이는 신라 문화의 풍요로움과 끊임없이 새로운 것을 탐구하고 재창조하려는 그들의 의지를 보여주는 유산이다.

서악서원과 도봉서당

선도산은 신라 시대에만 신성한 공간이었던 것이 아니다. 그 영험한 기운은 조선 시대까지 이어져 신라의 정신을 기리고 학문을 연마하는 공간으로 재탄생했다. 바로 경주 서악서원(西岳書院)과 도봉서당(道峰書堂)이 그 증거이다. 이는 불교와 도교의 영향력이 약해지고 유교가 국가 이념으로 확고히 자리 잡은 시대에도 선도산의 정신적 의미가 계승되었음을 보여준다.

서악서원은 신라 삼국통일의 주역 김유신(金庾信) 장군과 신라 시대의 뛰어난 학자였던 최치원(崔致遠), 설총(薛聰) 세 분을 추모하고 제사 지내기 위해 세워진 유서 깊은 서원이다.

서원의 시작은 조선 명종 16년(1561년)으로 거슬러 올라간다. 당시 경주부윤(慶州府尹)이던 이정(李楨)은 임지인 경주에서 황폐해진 신라의 묘역들을 보고 개탄하며 이를 수리하고자 했다. 특히 삼국통일의 큰 공훈을 세운 김유신을 기리기 위한 서원을 세우기로 결심한다. 이정은 자신의 스승인 당대 최고의 성리학자 퇴계 이황(李滉)에게 자문을 구했고, 퇴계는 김유신에게만 사당을 세우고 제향과 함께 학생들을 교육할 것을 권고했다. 이 권고에 따라 이정은 선도산 아래에 '서악정사(西岳精舍)'를 세워 김유신의 제사를 지내고 교육을 시작했다.

서악정사는 임진왜란으로 소실되는 아픔을 겪었지만, 지역 유림들의 노력으로 다시 중건되었다. 이후 인조 원년(1623년)에는 왕으로부터 '서악(西岳)'이라는 사액(賜額)을 받아 공인된 서원으로 승격된다. 초기 김유신 한 분만을 배향했던 서악서원은 후대에 신라의 대표적인 유학자이자 뛰어난 지성인이었던 설총과 최치원을 추가로 배향하게 된다. 설총은 이두를 정비하여 한자의 국어화를 시도했고, 최치원은 당나라에서 높은 관직에 오르고 뛰어난 문장력을 보여준 신라의 지성인이자 문호였다. 이 세 분을 함께 모심으로써 서악서원은 신라의 국방과 정신, 그리고 학문을 대표하는 위인들을 한자리에서 기리는 명실상부한 신라 정신 계승의 요람이 되었다.

조선 말기, 흥선대원군의 서원 철폐령(1871년)은 유교 문화의 병폐를 시정하고 국가 재정을 확충하기 위한 강력한 정책이었다. 전국 수백 개의 서원 중 단 47개의 서원만이 존속했는데, 서악서원은 경주 지역에서는 옥산서원과 더불어 단 두 곳만이 살아남은 유서 깊은 곳이다. 이는 서악서원이 가진 역사적 중요성과 유교적 위상, 그리고 그 안에 배향된 선현들의 공훈이 국가적 차원에서 얼마나 높이 평가되었는지를 잘 보여준다.

선도산 초입의 도봉서당(桃峯書堂)은 조선 시대 학자 황정(黃玎, 1426~1497)의 학문과 덕행, 효행을 기리기 위해 1545년(중종 1년), 황정의 후손들이 그의 학덕을 추모하기 위해 추보재(追報齋)라는 재실로 처음 건립하였고, 일제강점기인 1915년 훼손된 추보재 자리에 도봉서당 일곽을 재건하여 현재의 모습이 형성되었다.

도봉서당에선 5월 중순 작약, 10월 중순엔 구절초 고택음악회가
열린다 ©남재칠

서악산성(西岳山城)

선도산의 품속에는 이러한 신성한 이야기와 함께, 신라인들의 치열한 현실적 삶의 의지가 담긴 유적도 남아있다. 바로 서악산성(西岳山城)이다. 선도산은 경주의 서쪽 관문을 지키는 천혜의 요새였으며, 서악산성은 이 지형을 활용하여 쌓은 중요한 방어 시설이었다. <삼국사기>나 <삼국유사>에는 서악산성이 직접적으로 명확히 언급되지 않지만, 경주 외곽을 방어하기 위한 중요한 역할을 했음은 여러 기록을 통해 짐작할 수 있다.

신라 시대의 수도인 경주는 사방이 산으로 둘러싸인 분지 지형으로, 천연 요새의 조건을 갖추고 있었다. 특히 동해에 면한 동쪽을 제외하고는 북, 서, 남쪽으로 여러 산성이 건설되어 수도를 방어했다. 서악산성은 이 중 서쪽 방면의 핵심 방어 시설이었다.

 신성한 오악의 일원으로서 선도산이 정신적 수호 역할을 했음은 물론, 이곳에 세워진 서악산성은 실제로 외부 침입자들을 막아내 서라벌을 안전하게 지키는 물리적 방어선 역할을 담당했다. <삼국사기> '신라본기'나 '잡지(地理)' 등에 보이는 군사 관련 기록, 그리고 경주에 산성들이 다수 존재했던 역사적 맥락을 통해 서악산성의 존재 의의를 알 수 있다. 성벽의 흔적과 그 안에 포함된 여러 건물지들을 통해 당시 신라인들이 얼마나 치열하게 수도를 방어했는지를 짐작할 수 있다. 이는 이상적인 불국토를 꿈꾸었지만 동시에 냉혹한 현실에서 자신들의 터전을 지켜야 했던 신라인들의 실존적인 지혜가 엿보이는 대목이다. 성모의 영적인 보호와 산성의 물리적 방어가 조화를 이루며, 선도산은 신라인들에게 현실과 이상, 신앙과 국방이 어우러진 복합적인 의미의 공간으로 각인되었다.

선도산 8부능선의 서악산성의 흔적 ⓒ남재칠

수억 년 지구 역사의 중인 주상절리

선도산은 인류의 역사적 시간 개념을 넘어, 수억 년에 걸친 지질학적 시간까지 품고 있다. 산자락 용작골 계곡에 숨겨진 주상절리는 화산 활동으로 형성된 자연의 경이로운 조각품이다.

주상절리는 뜨거운 용암이 지표로 분출한 후 급격히 식으면서 발생하는 현상이다. 용암은 식을 때 부피가 수축하고, 이 수축하는 힘이 규칙적인 방향으로 작용하면서 다각형(주로 육각형)의 기둥 모양으로 갈라지는 절리(節理)를 형성한다. 마치 누군가 정교하게 깎아 놓은 듯한 규칙적인 기둥들은 자연이 만들어낸 거대한 예술품이라고 할 수 있다.

선도산 용작골 계곡 주상절리 ©남재칠

선도산 용작골 계곡의 주상절리는 이러한 지질학적 과정을 거쳐 형성되었으며, 인간의 역사가 아무리 길어도 자연의 시간 앞에서는 한 점에 불과하다는 것을 장엄하게 증명한다. 수천 년의 신라 역사도 수억 년의 지질학적 시간 앞에서는 찰나에 불과하다. 이 육각형 기둥들은 선도산이 품은 모든 이야기가 그보다 훨씬 오래전부터 존재했던 거대한 자연의 시간 위에 덧씌워진 것임을 일깨워준다. 역사와 자연이 공존하며 서로 다른 시간의 층위를 보여주는 이곳은, 인간의 유한함과 자연의 무한함을 동시에 느끼게 하며, 삶과 죽음, 그리고 영원의 의미를 되새기게 한다. 선도산은 이처럼 시간과 공간을 초월하여 신라인들의 삶과 이들의 흔적을 품고 그들에게 불변의 메시지를 전달하고 있다.

선도산(仙桃山), 신라의 영혼을 품은 어머니의 산

선도산은 신라 시대 사람들이 가졌던 다층적인 세계관이 집약된 공간이다. 산신 숭배, 도교, 불교 등 서로 다른 신앙들이 대립하지 않고 조화롭게 융합된 다문화적이고 포용적인 신라의 정신세계가 이곳에서 빛을 발한다. 자연을 경외하고 그 안에서 삶의 의미를 찾았던 신라인들의 깊은 정신성이, 이 산의 모든 요소에 스며들어 있다. 왕실의 안녕을 염원하는 공적인 장소이자, 동시에 만백성의 염원이 투영된 사적인 신앙의 공간이었다.

선도산은 단순한 지리적 공간을 넘어, 신라 천년의 역사와 신앙이 응축된 살아있는 상징이다. 신라 건국 신화에서부터 불교의 심오한 정토 사상과 사방정토의 이상, 도교의 선도 철학, 토착 신앙의 어머니 같은 품, 그리고 나라를 지키기 위한 현실적인 방어 의지까지, 신라의 모든 것이 이 산에 스며들어 있다.

이 산을 한 걸음 한 걸음 오르다 보면, 천년전 신라인들의 삶의 숨결과 간절한 염원이 마치 솔바람 소리처럼 들려오는 듯하다. 산을 둘러싼 푸른 숲은 세월의 더께를 덮어주었고, 돌에 새겨진 마애불의 미소는 변함없이 자애롭다. 왕릉들은 고요히 잠들어 신라의 영광을 기억하고, 주상절리는 인간의 시간과는 다른 거대한 자연의 시간을 속삭인다. 선도산은 그렇게 신라인들의 어머니이자 수호자, 스승이자 영원한 안식처였으며, 지금 우리가 이 산을 거닐며 신라의 영혼을 느껴보는 것은, 우리가 잊고 지냈던 우리 역사와 자연에 대한 경외심을 다시금 일깨우는 소중한 경험이 될 것이다.

선도산은 그렇게 시대를 넘어 우리에게 신라의 영혼과 불국토의 꿈을 계속해서 이야기해주고 있다. 그 안에는 수많은 사상과 감정, 희로애락이 흐른다. 선도산은 경주의 심장이다. 그곳에 서면, 우리는 경주를 단순히 '보는' 것이 아니라, 그 심장 박동을 '느끼고', 그 안에 담긴 이야기를 '이해하게' 된다. 그리고 그 순간, 경주는 더 이상 멀리 떨어진 과거의 도시가 아니라, 나의 삶과 깊이 연결된, 살아 숨 쉬는 나의 도시가 된다. 선도산은 영원히 신라의 어머니이자 수호자, 스승이자 안식처로서 경주의 정체성을 굳건히 지켜낼 것이다.

월성과 계림, 그리고 금성은 선도산을 받들고 있다 ⓒ남개철

07. 오래된 미래를 찾아서 - 신라의 정신이 남긴 길

김동수

경주 남산에서 만난 보불(寶佛)

남산에서 바라본 경주 ⓒ김동수

경주의 아름다운 남산은 시민들에게 안식과 휴식을 제공한다. 나지막하고 아늑한 남산은 정상으로 향하는 길이 참 많은 곳이다. 길마다 문화유산이 산적해 있고, 이야기 또한 많은 곳이다. 2000년들어 경주는 남산을 포함해 유네스코 역사 유적지구로 지정되었으며, 100여 곳의 절터와 80여 개의 석불, 석탑 등 불교 유적이 산적한 곳이다. 신라 천년의 역사를 간직한 전설이 있는 곳이 경주의 남산이다.

경주 통일전은 삼국통일의 위업을 기리는 태종무열왕, 문무대왕, 김유신 장군의 영정이 모셔져 있으며 삼국통일의 위업과 현재 통일의 염원을 담은 곳이다. 통일전 정문에서 바라보이는 은행나무는 통일의 위업을 달성한 병사들이 사열하듯 길 좌우로 길게 서 있다. 통일전을 거쳐 밤의 야경과 배롱나무꽃이 아름다운 ㅅ 출지와 염불사지 삼층석탑을 만나면 남산으로 들어가는 길목에 선다.

 첫 번째 목적지인 칠불암을 향했다. 일 년 동안 거의 매일을 올랐던 곳이라 사계절이 오롯이 내 머릿속에 있는 곳이다.

남산에서 바라본 일출 ⓒ김동수

 어둠이 채 가시지 않은 새벽녘에 혼자 산행을 하다가 동들울음 소리에 놀라고, 때로는 어둠 속 고요함 뒤에 들리는 인기척에 숨이 멎을 때도 있었다. 오를 때마다 힘들고 무서웠지만, 지금은 익숙해진 길이다. 새벽이 밝아 오면 새들이 지저귀는 소리와 스러지는 운무, 동해에서 밝아 오는 일출로 마치 신선이 된 듯한 기분이 들게

285

한다. 아침에 온몸을 휘감는 상쾌한 찬 바람은 일상 속 지친 마음을 털어주기에 충분했다.

칠불암 마애석불 ⓒ김동수

특히 칠불암에 오르면 차가운 암벽에 새겨진 마애불상군이 우리를 맞이했다. 통일신라 시대(8세기)에 조성된 이 불상군은 국보 제312호로, 경주 남산에서 가장 뛰어난 마애불로 손꼽힌다.

측면에서 본 칠불암 본존불과 사방불 ⓒ김동수

중앙에는 아미타여래좌상이, 좌우에는 관음보살과 대세지보살이 협시하고 있다. 이 불상들은 섬세하고 균형 잡힌 조각 기법을 보여주며, 본존불의 온화한 미소와 입체감 넘치는 조각 기술은 천년을 이어온 신라 불교 예술의 정수를 보여준다.

 본존불 바위 앞에는 4면의 바위에 각각 다른 방향을 향하고 있는 사방불이 새겨져 있다. 동·서·남·북 네 방향을 지키는 역할을 하며, 각각 동방 약사여래, 서방 아미타여래, 남방 석가여래, 북방 미륵여래로 추정된다. 본존불과 마찬가지로 통일신라 시대의 특징을 보여주지만, 본존불에 비해 좀 더 간결하고 소박한 느낌을 준다. 불상 앞에서 늘 108배를 생각하지만 죽을 것 같아 항상 삼배로 내 마음을 덜어내고 만다.

신선암 마애보살반가상을 뵙고

칠불암의 경이로움을 뒤로하고 경주 남산 신선암 마애보살 반가상으로 걸음을 재촉했다. 바로 위쪽에 깎아지른 절벽에 새겨져 있어, 구름 위에 앉아 있는 듯한 모습의 반가상으로, 마치 신선이 노는 곳 같다고 하여 '신선암'이라는 이름이 붙여졌다. 오른손에 꽃가지를 들고 왼손은 가슴에 올린 모습이 인상적이다. 지그시 감은 두 눈은 깊은 생각에 잠긴 듯한 표정을 짓고 있으며 통일신라(8세기) 후반의 작품으로 추정한다. 이곳에서 보는 일출 또한 너무 아름답다.

신선암 마애보살 반가상 ⓒ김동수

신선암에서 바라본 일출 ⓒ김동수

　신선암을 돌아 내려오는 길에 녹원정사에 들렀다. 금강산도 식후
경이라 하지 않는가? 경주 남산도 먹으며 다녀야 제대로 볼 수 있
을 것 같았다. 녹원정사는 남산에 있는 유일한 식당이다. 그곳에
들러 반주에 산나물 가득한 비빔밥 한 그릇을 먹고 나면 답사에 지
친 피로가 풀린다. 남산을 지나는 답사객들에게 주막 같은 안식처
가 되기를 바라는 마음이다.

천룡사 발굴과 숨은 이야기

　천룡사에는 그 이름과 관련된 애틋한 전설이 전해져 온다. 신라시
대 한 아버지가 천녀(天女)와 용녀(龍女)라는 두 딸을 두었는데,
두 딸의 아름다운 마음씨를 기리기 위해 사찰을 짓고 딸들의 이름

에서 한 글자씩 따서 천룡사라 이름 붙였다고 한다. 이처럼 아름다운 설화와 함께, <삼국유사>에는 당나라 사신 악붕귀가 이 절을 보고 "이 절이 파괴되면 나라가 곧 망할 것"이라고 예언했다고 기록되어 있다. 실제로 신라가 멸망되기 전, 천룡사에서 이상 징후가 나타났다는 이야기가 전해지며, 이는 이 사찰이 신라의 운명과 함께했음을 보여주는 것이다.

그런 천룡사의 발굴은 단순한 폐허가 아닌 살아있는 역사의 현장을 마주하는 것이었다. 국립경주문화재연구소가 진행한 발굴 조사는 천년의 시간 속에 묻혀 있던 천룡사의 비밀을 한 꺼풀씩 벗겨내고 있었다. 발굴을 통해 밝혀진 가장 특이한 사실은 천룡사가 '쌍탑일금당(雙塔一金堂)'이라는 독특한 가람 배치를 하고 있었다는 점이다. 이는 하나의 탑과 하나의 금당(본당)이 있는 일반적인 신라 사찰과 달리, 두 개의 탑과 하나의 금당이 세워져 있었다는 의미다. 이러한 배치는 흔치 않은 형태로 천룡사가 당시 다른 사찰들과 구별되는 특별한 위상을 가졌음을 짐작하게 한다.

천룡사 발굴이야기를 담다 ⓒ김동수

또한 발굴 현장에서는 '천룡사'라는 명문이 새겨진 기와 조각들과 용의 머리 모양을 한 독특한 기와 장식이 출토되기도 했다. 이용 모양 장식은 사찰의 이름처럼 용과 관련된 특별한 상징성을 드러내는 유물로, 발굴 관계자들의 큰 관심을 받았다.

그밖에도 승려들의 일상생활을 엿볼 수 있는 다양한 도구와 생활용품들이 발견되어, 기록 속에서만 존재하던 천룡사의 모습을 구체적으로 그려볼 수 있게 되었다. 발굴 과정에서 가장 큰 성과는

1991년 석탑 해체보수 때 발견되었던 부처님 진신사리의 존재를
다시 한번 확인하고 그 의미를 되새긴 점이었다. 차가운 바람을 맞
으며 굳건히 서 있는 삼층석탑은 무심한 돌덩이가 아니라, 천년의
역사를 품고 발굴을 통해 다시 태어난 소중한 증거였다.

기적의 불상, 열암곡 마애불

열암곡 석불좌상의 복원 중 발견된 열암곡 마애불상은 바닥에서
5cm의 기적이라 불리는 통일신라 시대의 문화유산이다. 얼굴의
코끝이 땅과 5cm 간격으로 넘어졌으나 거의 손상되지 않아 기적
의 불상이라고 불린다. 넘어져 있는 얼굴 모습은 단아하고 평화로
운 자비의 모습이다. 불교계에서는 열암곡 마애불상을 세우기 위
해 많은 노력을 하는 것으로 알고 있다. 바로 선 열암곡 마애불상
을 볼 수 있기를 기원한다.

5cm의 기적 열암곡 마애불상 ⓒ김동수

일상 속에서 잠시 경주 남산 속으로 들어와 땀 흘리며 오르는 길에서 마주하는 신라 천 년의 문화유산을 만나면 복잡한 생각조차 사라져 마음이 가벼워진다. 과거와 현재가 공존하는 신라 천 년의 역사가 숨 쉬는 남산이 자연박물관으로 영원히 잘 보존되기를 바라며 지금도 남산에 오른다.

열암골 좌상 ⓒ김동수

에필로그

경주에는 역사문화유적지가 많다. 그래서 어떤 사람은 경주를 살아있는 박물관이라 부른다. 거기다 유네스코 세계문화유산으로 지정된 문화유적도 많다. 한 지역에 세계문화유산으로 지정된 유산이 경주만큼 많은 곳이 또 있을까?

불국사와 석굴암을 비롯해 경주 전체가 경주문화유적지구로 유네스코에 등재되기도 했다. 새로운 천년의 시작을 알리는 2000년은 경주 지역이 세계인들에게 인류 보편적 문화유적지구임을 각인시킨 해이다. 이처럼 여러 곳에 신라 천년의 역사가 살아 숨 쉬고 있다. 그 역사를 보고 다시 알아가는 데 지대한 공헌을 하는 '경주 박물관대학'의 역할은 너무나 크고 소중하다. 더불어 조선의 역사가 살아 숨 쉬는 양동마을과 옥산서원도 경주의 자랑이 아닐 수 없다.

지난 6월, 카페에서 만난 우리 일곱 명은 "경주 박물관대학 동기로 만난 인연"과 그동안 숱하게 다녀온 "신라인들의 이야기"를 기록으로 남기는 의미 있는 작업을 시작하기로 했다.

남산에 잠들어 계신 부처님을 뵙고 그 감회에 젖었던 기억들과 왕릉을 찾아 천년의 세월을 말해주는 왕들의 목소리에 귀 기울이기도 했다. 또 경주에 있는 사찰을 돌아보며 불국토였던 신라를 들여다보는 계기가 되었다. 삼국의 각축장을 돌아보고 그들이 지키려고 했던 것이 무엇인지 다시금 되새겨 보기도 하며, 현재를 사는 우리들은 어떤 모습으로 살아가야 하는지 생각해 보기도 했다.

"그들은 누구였을까?"
"그들은 어떻게 세상을 살아갔을까?"
"그들이 전하려는 것은 무엇이었을까?"
"우리는 어떻게 세상을 살아가야 할까?"
"우리가 역사를 알아야 하는 이유는 무엇 때문인가?"
"우리는 다음 세대에게 무엇을 물려주어야 할까?"
"잘 산다는 것은 어떤 삶일까?"

이런 질문에 스스로 답해가며 때론 어려운 글쓰기에 후회하기도 하고, 중간에 그만두려고 마음먹은 적도 셀 수없이 많았다. 그럴 때마다 서로 지지하고 격려하며 같이 가보기로 하고 여기까지 왔다. 돌아보니 아득했던 시간이었다. 그 또한 우리가 선택한 것이었기 때문이었다. 그러나 우리는 이제 말할 수 있을 것 같다.

비록 작은 시작이었을지라도 신라의 역사 속에서 다시 찾은 그 가치와 의미는 잊지 못할 것이라고 말이다. 함께 고민하며 꾹꾹 눌러 담은 이 순간의 소중함은 먼 훗날 시간이 흘러도 결코 쉽게 잊어버릴 수 없으리라는 것을 안다.

"지난 3년은 신라 천년의 숨결을 함께 느끼고 삶의 지혜를 나누는 여정이었고, 답사에서 배운 역사는 과거와 현재를 연결해 주고, 우리의 시각을 더 넓고 깊게 열어주었다. 재야의 고수들이 모인 기초반 48기 동기들의 건승을 기원해 본다." (김규광)

"역사 속으로 들어가 그들의 삶과 지혜, 고뇌와 번뇌를 배우는 소중한 시간이었다. 현대를 살아가는 모든 것이 역사가 되고 문화유산이 될 것이다. 3년간 이 귀하고 값진 여행에 함께 해주신 경주박물관대학 48기 동기들과 남재칠·홍수환·김규광·김서현·양흥숙·이명희님께 감사함을 전한다." (김동수)

"우리가 만난 역사와 인문학의 조각들이 하나의 빛이 되어 도전이 어려워 망설이는 사람들에게 방향을 가리키는 나침반의 역할을 한다면 더 바랄 것이 없다. 이 책이 작은 시작이기를 기원하는 마음을 담아……." (김서현)

"경주 박물관대학에 옛날이야기에 귀를 열러 왔다가 옛날이야기를 하게 되었다.
경주(서라벌)가 새겨진 여러 사료들을 정리하고 다듬고 고치는데 시간과 정성이 필요했지만 부족함을 실감한다. 글쓰기는 책임이다. 우리의 서술이 신라 이야기 진보의 기반이 되길 바란다." (남재칠)

"신라 천 년의 역사를 공부하고 또한 함께 그려낸 일곱 빛깔의 글을 엮어가는 동안 신기하고 재미있었다. 서로 함께 힘을 모으고, 지지해가면서 해낸 시간은 잊지 못할 추억이 될 것이다. 이 글이 많은 분들에게 또 다른 신라 이야기를 만나는 기회가 되었으면 좋겠다." (양흥숙)

"앞으로 만날 경주와 신라는 분명 이전과는 다르게 다가올 것이다. 그저 멀찍이 바라본 신라와 한 발짝 다가가 직접 듣고 바라본 신라가 나에게 던진 이야기는 다르기 때문이다. 많은 사람들이 신라가 들려주는 이야기에 귀 기울여보기 바란다." (이명희)

"천년의 과거와 천년의 미래를 관통하는 신라와 경주는 앞으로 어떤 모습으로 후손들에게 남겨질 것인가? 천년의 시간 속에서 현재의 우리들은 과거의 천년을 통해 새로운 것을 만들어가는 시간이 되었다." (홍수환)

이제 우리들에게 경주와 신라는 분명 예전과는 다른 의미가 되었다. 그저 책에서 만난 역사가 아니라 직접 찾아 그 삶의 현장을 보고, 그곳에서 그들의 이야기를 기록했기 때문이다.

어느 날 문득, 경주 박물관대학을 떠올리면 우리가 함께했던 순간이 소중하게 기억될 날이 있을 것이다. 때론 가슴설레고 또 때론 걱정으로 마음 졸이며 원고지를 채워간 이 시간이 아름다운 추억으로 남을 것이라 믿으며, 오늘도 우리는 신라 이야기에 귀 기울인다.

2025년 10월 08일
뜨거웠던 여름의 프로젝트를 마무리하며
이명희 씀

소중했던 한 때 ⓒ양흥숙

참고문헌

김부식·이병도 번역(1996). <삼국사기(상)>. 을유문화사. 서울

김종서·정인지. <고려사>.

김기흥(2012). <신라의 왕과 불교>. 집문당. 경기도 파주시

민주면 외·장창근 번역(1669). <동경잡기>. 지만지.

이근직(2000). <경주의 문화유산>. 경주박물관회. 경주시

이기백(2005). <한국사신론>. 일조각. 서울

일연·김원중 번역(2014). <삼국유사>. 민음사. 서울

전영우(2004). <우리가 정말 알아야할 우리소나무>. 현암사. 서울

한국일보사(1979). <한국미술전집>. 한국일보사. 서울

후지시마 가이지로(藤島亥治郎)·이광노 역. <韓의 건축문화 一의 연구 60년>.

통도사 영축문화연구원. <한권으로 읽는 통도사>(2025). 담앤북스. 서울

경주국립박물관 해설자료 및 전시안내

나무위키(https://namu.wiki)

다음백과(https://100.daum.net)

문화재청 국가문화유산포털 (www.heritage.go.kr)

위키백과(https://ko.wikipedia.org/wiki/)

유튜브(https://www.youtube.com/)

한국민족문화 대백과사전(https://encykorea.aks.ac.kr)

판권

종이책 : 값 22,000 원

초판 인쇄: 2025년 11월 20일
초판 발행: 2025년 11월 20일

지은이: 양흥숙, 홍수환, 김서현, 이명희,
         김규광, 남재철, 김동수

발행인: 플랫폼연구소

출판등록: 제 2020-000075호

전화: 010-3920-6036 / 02-556-6036
이메일: pflab2020@naver.com

주소 : 서울시 강남구 삼성동 116 백우빌딩 4층
402호

ISBN 979-11-91396-62-1